MERIAN*momente*

LIGURIEN
CINQUE TERRE GENUA

RALF NESTMEYER

W0180210

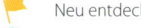

LIGURIEN ENTDECKEN 4

LIGURIEN ERLEBEN 20

LIGURIEN ERKUNDEN 56

Riviera delle Palme · Genua · Riviera di Levante
Cinque Terre · Golfo della Spezia
Riviera dei Fiori

TOUREN DURCH LIGURIEN 126

LIGURIEN ERFASSEN 134

KARTEN UND PLÄNE

LIGURIEN
ENTDECKEN

Auf einem Felsen vor der Ortschaft Portovenere liegt die Kirche San Pietro (▶ S. 75).

MEIN LIGURIEN

Der Zauber Liguriens gründet sich auf den Kontrast zwischen dem schmalen mediterranen Küstensaum und dem kargen Bergland. Die Gebirgszüge stoßen bis ans Meer vor, fallen steil zum Ufer ab und lassen dabei nur wenig Platz für Straßen und Dörfer.

Ligurien ist ein Land der Gegensätze: Während die quirlige Küste mit ihrer heiteren Strandatmosphäre begeistert, weisen die abgeschiedenen Täler und Höhenzüge, die oft nur wenige Kilometer entfernt sind, ganz andere Vorzüge auf: alte Ölmühlen, kleine, kunstvoll geschwungene Bilderbuchbrücken, rundherum Kastanienwälder, Olivenhaine und Weinberge; hier und da ein einsames Bergdorf, dessen Gassen so schmal sind, dass kein Auto darin Platz findet.

Doch das archaische Szenario hat auch seine Schattenseiten: Verlassene Bauernhöfe sind ein untrügliches Zeichen für den seit Jahrzehnten anhaltenden Bevölkerungsrückgang. Die Einheimischen, vorzugsweise die Jüngeren unter ihnen, leiden unter der Rückständigkeit und Abgeschie-

◀ Liguriens »Tor zur Welt«: Pasticceria in der
historischen Altstadt von Genua (▶ S. 58).

denheit ihrer Heimatdörfer. Sehnsüchtig blicken sie auf die Freizeitvergnügungen und Beschäftigungsmöglichkeiten ihrer Altersgenossen in
den Küstenorten. Und allzu oft bleibt es eben nicht bei dieser Sehnsucht:
Mehr als neun von zehn Liguriern leben inzwischen an der Küste. Die
Abwanderung können auch ein paar Aussteiger und Ferienhausbesitzer
nicht kompensieren; Letztere sind in manchen Dörfern wie beispielsweise Zuccarello bereits in der Mehrheit.

STEINZEITMENSCHEN UND LIGURIER

Die ligurische Küste muss schon zu Urzeiten eine besondere Anziehungskraft ausgeübt haben; nicht zufällig gehört die Region zu den ältesten
Siedlungsgebieten der Menschheitsgeschichte. Westlich von Ventimiglia
wurden in den Balzi-Rossi-Grotten nicht nur Werkzeuge aus der mittleren Steinzeit gefunden, sondern zudem zahlreiche Skelette des Crô-Magnon-Menschen, der als direkter Vorfahre des Homo sapiens gilt. Vor
mehr als dreitausend Jahren breiteten sich die Ligurier, ein indogermani-
sches Volk, an der Mittelmeerküste vom Rhônetal bis nach Livorno aus;
ihr Siedlungsgebiet reichte anfangs bis zu den oberitalienischen Seen,
doch wurden sie auf jenen Küstenbereich zurückgedrängt, der noch heute den Namen Ligurien trägt.

EROBERUNG DURCH DIE RÖMER

Seine erste große kulturelle Blütezeit erlebte Ligurien allerdings erst nach
der römischen Eroberung. Städte mit rechtwinkeligem Grundriss entstanden, wobei ein Amphitheater wie in Ventimiglia und Luni selbstverständlich nicht fehlen durfte. Die wichtigste Hinterlassenschaft der Römer war die nach einem Zensor benannte Via Aurelia. Dieser an wenigen
Stellen – so in der Nähe von Albenga – noch original erhaltenen Küstenstraße verdankte Ligurien seinen wirtschaftlichen Aufschwung. Wer
nicht über das Meer segeln wollte, musste noch bis weit ins 20. Jahrhun-
dert hinein die Via Aurelia benutzen. Auch heute umgibt den Namen Via
Aurelia eine geheimnisvolle Aura, wenngleich eine Fahrt auf der ver-
kehrstechnisch schlicht als »S 1« bezeichneten Straße wegen ihrer zahlreichen Ortsdurchfahrten längst kein Vergnügen mehr ist.
Gegen Ende des 18. Jahrhunderts wurde die italienische Mittelmeerküste
schließlich von den Engländern »entdeckt«, die aufgrund des milden Kli-

mas im sonnigen Süden überwintern wollten. Niemand konnte damals ahnen, dass man es mit den ersten Vorboten einer neuen Völkerwanderung zu tun hatte. Ganze Villenviertel wurden errichtet, tropische Pflanzen akklimatisiert und weitläufige Gärten angelegt. Der wohl schönste botanische Garten, die westlich von Ventimiglia gelegenen Giardini Hanbury, erinnert noch heute an die prachtvolle Gartenkultur vergangener Tage. Die Gäste aus Paris, London oder Hamburg reisten bis in die Zeit vor dem Zweiten Weltkrieg mit Luxuszügen an. Sanremo, Bordighera, Rapallo – das waren damals die beliebtesten Ziele der Nordeuropäer.

»DOLCE FAR NIENTE«

Zu einem entscheidenden Wandel kam es in den Fünfzigerjahren des letzten Jahrhunderts: der Nachholbedarf der düsteren Kriegsjahre, gepaart mit einem gesetzlich legitimierten Anspruch auf bezahlte Urlaubstage sowie die Aufhebung der beschränkten Deviseneinfuhr hatten einen wahren Reiseboom nach Italien zur Folge. Die Riviera galt nicht länger als exklusiv, sondern wurde zum touristischen Allgemeingut. Von einer nicht zu stillenden Italiensehnsucht genährt, strömten die deutschsprachigen Touristen nach Alassio oder Finale Ligure; die italienische Riviera wurde jenseits der Alpen zum Inbegriff des »Dolce far niente«. Begrüßt wurden sie von den Palmen, die als Sendboten des Südens bis heute Sonne, Wärme und unbeschwerte Tage verheißen.

ITALIENISCHE RIVIERA

Unter touristischen Gesichtspunkten wird Ligurien noch immer vielfach mit der »Riviera« gleichgesetzt, und dies, obwohl der Küstensaum gerade mal ein Prozent der Region ausmacht. Quasi am Scheitelpunkt des Küstenbogens liegt Genua, nach Westen zur untergehenden Sonne hin erstreckt sich die Riviera di Ponente mit den bekannten Ferienmetropolen Alassio und Sanremo, der aufgehenden Sonne entgegen blickt die Riviera di Levante. Am ursprünglichsten und am unverbautesten ist ihr östlichster Teil, die Cinque Terre. Ein geradezu paradiesischer Landstrich, der von den Segnungen der modernen Zivilisation noch weitgehend unberührt geblieben ist. Wer in den fünf Dörfern Monterosso al Mare, Vernazza, Corniglia, Manarola und Riomaggiore Diskotheken oder gestylte Bars sucht, wird nicht fündig: Dafür ist die einzigartige Terrassenlandschaft der Cinque Terre eine der schönsten Wanderregionen Italiens.
Einen großen Teil seiner Anziehungskraft verdankt Ligurien seinem gleichmäßigen, milden Klima. Die parallel zur Küste verlaufenden Ge-

birgszüge halten den kalten Nordwind ab, während sich die warme Meeresluft an den Hängen staut und den Küstensaum mit angenehmen Temperaturen bedenkt; Frost und Schnee sind an der Küste so gut wie unbekannt, sodass selbst kälteempfindliche Pflanzen hervorragend gedeihen. Noch vor hundert Jahren war die ligurische Küste mit grün und gelb leuchtenden Zitrushainen regelrecht übersät; doch mittlerweile hat der lukrativere Blumenanbau die Obstplantagen verdrängt. Zwischen Bordighera und Imperia ist die Landschaft mittlerweile regelrecht mit Gewächshäusern zugepflastert, es gibt kaum eine Stelle, an der die flachen Glasdächer nicht in der Sonne glitzern. Im Zentrum des Blumenanbaus steht Sanremo, die mondäne Königin der »Riviera dei Fiori«, mit ihren üppig blühenden Parkanlagen und dem weltbekannten Mercato dei Fiori, der einem riesigen Blumenteppich gleicht.

»LA SUPERBA«

Ein Abstecher nach Genua gehört einfach zu einem Ligurienaufenthalt. »La Superba«, die Stolze, ist die fünftgrößte Stadt Italiens, fast jeder zweite Ligurer wohnt in der schillernden Metropole. Die Meinungen über Genua gehen seit jeher auseinander: Während der viel gereiste Richard Wagner in den höchsten Tönen schwärmte: »So 'was hab' ich denn doch noch nicht gesehen wie dieses Genua. Das ist etwas unbeschreiblich Schönes, Großartiges und Eigentümliches. Paris und London schwinden mir zu öden, formlosen Häuser- und Straßenmassen zusammen, gegen diese göttliche Stadt«, hatte der Dichter Heinrich Heine zwei Jahrzehnte vorher bei einem Aufenthalt in Genua entsetzt die Nase gerümpft: »Diese Stadt ist alt ohne Altertümlichkeit, eng ohne Traulichkeit und hässlich über alle Maßen.« Welchem Urteil man sich auch anschließt, fest steht: Genua war schon immer Liguriens »Tor zur Welt« und ist bis heute das wirtschaftliche und kulturelle Herz der Region geblieben. Genua besitzt mehr Museen, Adelspaläste und Kunstschätze als der gesamte restliche Teil der ligurischen Küste.

DER AUTOR

Der Historiker **Ralf Nestmeyer** gehört zu den bekanntesten deutschen Reisejournalisten. Seit mehr als drei Jahrzehnten fasziniert ihn Ligurien wegen seines spannungsreichen Gegensatzes von Meer und Gebirge. Die berühmte Cinque-Terre-Wanderung hat er inzwischen so oft erkundet, dass ihm eigentlich das goldene Wanderabzeichen verliehen werden müsste.

MERIAN TopTen

Diese Höhepunkte sollten Sie sich bei Ihrem Besuch auf keinen Fall entgehen lassen: Ob das Fischerdorf Vernazza, den Badeort Alassio oder die Tropfsteinhöhlen von Toirano – MERIAN präsentiert Ihnen hier die wichtigsten Sehenswürdigkeiten in Ligurien.

★1 Acquario di Genova
Das auf einer Mole im alten Hafen errichtete Aquarium bietet einen faszinierenden Einblick in die Unterwasserwelt der ligurischen Küste (▶ S. 53, 59).

★2 Galata Museo del Mare, Genua
Genuas modernstes, direkt am Hafen gelegenes Museum präsentiert den Besuchern zahlreiche Facetten der christlichen Seefahrt (▶ S. 62).

★3 Ausgrabungen von Luni
Nicht nur für Hobby-Archäologen spannend sind die Ruinen der einst bedeutenden Hafenstadt Luni, einer römischen Gründung (▶ S. 74).

★4 Vernazza
Das idyllische Fischerdorf gilt als das schönste unter den Dörfern der Cinque Terre (▶ S. 84).

★5 San Fruttuoso
Nur zu Fuß oder mit dem Schiff zu erreichen, liegt das altehrwürdige Kloster an einer malerischen Bucht der Halbinsel von Portofino (▶ S. 93, 132).

★6 Alassio
Als Klassiker unter den ligurischen Badeorten gilt Alassio. Eine schier endlose Promenade und ein ebenso langer Sandstrand sind die touristischen Aktivposten (▶ S. 101).

Das Baptisterium von Albenga

Die Taufkapelle, die über einem achteckigen Grundriss errichtet wurde, gehört zu den ältesten frühchristlichen Zeugnissen in Ligurien und besitzt faszinierende Wandmosaike aus byzantinischer Zeit (▶ S. 104).

8 Noli

Die gotischen Geschlechtertürme bestimmen das Ortsbild des mittelalterlichen Küstenstädtchens, das einst eine bedeutende Seerepublik war (▶ S. 107).

9 Grotte di Toirano

Die Tropfsteinhöhlen von Toirano, die vermutlich von Bären als Zufluchtsort genutzt wurden, zählen zu den schönsten Europas (▶ S. 109).

10 Bussana Vecchia

Das von einem Erdbeben zerstörte Dorf wurde von regionalen Künstlern wieder zum Leben erweckt, die die erhalten gebliebenen Häuser zu Ateliers oder Verkaufsräumen umfunktioniert haben (▶ S. 114).

MERIAN Momente
Das kleine Glück auf Reisen

Oft sind es die kleinen Momente auf einer Reise, die am stärksten in Erinnerung bleiben – Momente, in denen Sie die leisen, feinen Seiten der Region kennenlernen. Hier geben wir Ihnen Tipps für kleine Auszeiten und neue Einblicke.

❶ Mit dem Funicolare auf den Righi-Hügel ▶ Klappe hinten, c 2

Genua ist nicht nur eine Küstenstadt, sondern auch eine »Bergstadt«, da sich die Häuser längst auf allen Seiten der Bucht den Hügel hinaufziehen. Wer den besten Blick auf die Stadt und den Hafen genießen will, fährt einfach mit der Standseilbahn (Funicolare) zum Vorort Righi hinauf und kann so auch innerhalb von wenigen Minuten der Hektik der Metropole entfliehen. Erst geht es durch einen Tunnel, dann schwebt man über den Dächern der Stadt und genießt einen herrlichen Panoramablick.

Abfahrt von der Haltestelle Righi-Zecca am Largo della Zecca

❷ Im Kunstrausch durch die Via Garibaldi ▶ Klappe hinten, d 3

Genua ist bekannt für seine pompösen Stadtpaläste, die sich die reichen Familien errichten und mit viel Stuck und Wandmalereien verzieren ließen. Als Kunstmäzene gehörten sie zu den Auftraggebern der berühmtesten Künstler ihrer Zeit und beschäftigten Maler wie

Caravaggio, Peter Paul Rubens und Anthonis van Dyck. Zahllose dieser Meisterwerke sind noch heute im Palazzo Rosso und im benachbarten Palazzo Bianco in der Via Garibaldi zu bestaunen. Wer zwischen den hochkarätigen Porträts, Stillleben und Landschaftsbildern durch die Räume schlendert, verfällt leicht in einen wahren Kunstrausch. Suchtgefahr droht, da man mit einem Kombiticket zwanglos zwischen den beiden Museen hin- und herpendeln kann.

Genua | Via Garibaldi 11 und 18

3 Sonnenuntergang in Corniglia ◢ L 4

Abends, wenn der Besucheranstrum vorbei ist, kehrt in Corniglia Ruhe ein, und auf der Panoramaterrasse wird der Sonnenuntergang mit all seinen Farbschattierungen zu einem eindrucksvollen Erlebnis, dem sich der größte Realist nur schwer entziehen kann. Besser als jede Meditationsstunde!

4 Bootsfahrt vor der Küste der Cinque-Terre-Dörfer ◢ L/M 4

Nirgendwo bekommt man einen besseren Eindruck von den Cinque-Terre-Dörfern als bei einer Bootsfahrt zwi-

schen Levanto und Portovenere. Wie in einem überdimensionalen Bilderbuch blättert sich die einzigartige Terrassenlandschaft während der zweistündigen Fahrt auf. Bis auf das Bergdorf Corniglia werden alle Orte angesteuert, sodass man einen hervorragenden Eindruck von den bunten, verschachtelten Häuserfassaden bekommt. Die luftigsten und besten (Foto-)Plätze befinden sich natürlich auf dem Oberdeck.

5 Radfahren auf einer stillgelegten Eisenbahntrasse ◢ K/L 3/4

Die Sommer in Ligurien können ziemlich heiß werden. Schnell werden dann Radtouren, Wanderausflüge und andere Aktivitäten zur schweißtreibenden Qual. Wie ein Geschenk des Himmels mutet da die stillgelegte Eisenbahntrasse an, die Levanto über Bonassola mit Framura verbindet. Da die 5,5 km lange Strecke für den Autoverkehr gesperrt ist, kann man sie auch problemlos mit Kindern befahren, zudem spenden mehrere lang gestreckte Tunnelpartien den im Hochsommer so wichtigen Schatten. Felsige Buchten bieten sich dort bei einem Zwischenstopp zum Baden an.

Westl. von Levanto

6 Sundowner in der Strandbar Nadia ⚓ L4

Der beste Abschluss eines faulen Badetags! Wenn sich der Strand von Levanto geleert hat und man auf der Terrasse der Bar Nadia bei einem Martini oder Sprizz beobachten kann, wie die untergehende Sonne die ganze Bucht von Levanto in ein herrliches weiches Licht taucht, dann will man eigentlich gar nicht mehr gehen. Urlaubsfeeling pur!

Bar Nadia: Spiaggia di Levanto

7 Eislöffeln in der Gelateria Carugio ⚓ K3

Eisdielen gibt es in Ligurien wie Sand am Meer. An heißen Sommertagen kommt es im Stadtzentrum von Sestri Levante zu einem richtigen Menschenauflauf. Der Grund ist das köstliche, selbst gemachte Eis der Gelateria Carugio, das sich höchster Beliebtheit erfreut. Im Hochsommer bilden sich vor der Eisdiele oft lange Schlangen, sodass man manchmal bis zu einer Viertelstunde warten muss. In dieser Gelateria sollte man nicht Kalorien, sondern Eiskugeln zählen, denn hier ist noch jeder zum Schleckermäulchen geworden: Cremige Kreationen in (fast) allen Geschmacksvarianten. Auf Wunsch auch gerne mit Sahne und Amarena-Kirschen. Besonders köstlich und empfehlenswert: Bacio (Nougat)!

Sestri Levante | Via XXV Aprile 48

8 Baden im Flussbecken ⚓ A5

Wie ein Magnet ziehen die ligurischen Strände im Sommer die Urlauber an. Keine Frage: Es ist herrlich, im Meer zu planschen und sich in die Wellen zu stürzen. Doch genauso schön und erfrischend ist es, in einem der ligurischen Flüsse zu baden, beispielsweise in den Laghetti di Rocchetta Nervina. Das Flüsschen Barbaira hat sich mehrere glasklare Wasserbecken in den Fels gegraben, in denen man herrlich planschen kann. Ein ganz besonders schöner Platz ist das Bassin vor dem großen Wasserfall.

1 km hinter Dolceacqua führt links eine Stichstraße nach Rocchetta Nervina

9 Im ligurischen Pilzhimmel ⚓ A5

Die ligurischen Wälder sind bekannt für ihren Pilzreichtum. Vor allem im Hinterland der Riviera di Ponente und der Riviera dei Fiori kann man im Sommer und Herbst leckere Steinpilze (»porcini«) und Pfifferlinge (»gallinacci«) finden. Entweder macht man sich selbst auf die Suche oder man isst in einem der typischen Familienbetriebe. Oft ist es der Bruder oder Onkel wie im Ristorante des Hotel Terme, der noch am Morgen durch die Wälder gestreift ist, damit sich die Gäste am Abend an Tagliatelle mit frischen Steinpilzen erfreuen können und sich der Gourmethimmel ganz weit öffnet.

Hotel Terme: Pigna | Località Madonna Assunta

Auf den Monte Saccarello

A 4

Der im Hinterland von Sanremo gelegene Monte Saccarello gilt mit 2201 m als der höchste Berg Liguriens, sein Gipfel befindet sich in unmittelbarer Nähe zur französischen Grenze. Die grandiose Fernsicht bis hin zum Meer ist zwar kostenlos, doch lässt sich dieser Glücksmoment nur mit viel Schweiß und Mühen »erkaufen«. Von dem kleinen Bergdorf Verdeggia führt ein gut markierter Wanderweg durch eine herrliche alpine Landschaft in zweieinhalb Stunden auf den Gipfel, der von einem Obelisk markiert wird. Unterhalb des Gipfels steht die knapp 10 m hohe Erlöserstatue »Il Cristo Redentore«, die Ligurien und die umliegenden Täler beschützen soll.

 Giardini Hanbury – ein Garten Eden

A 6

Wenn von der Kunst die Rede ist, darf die Gartenbaukunst nicht fehlen. Trotz der üppig gedeihenden mediterranen Flora, die im Frühjahr in den kräftigsten Farben leuchtet, hat der Mensch hier und da ein wenig nachgeholfen und die italienische Riviera nach seinen Vorstellungen gestaltet. Gemeint sind nicht nur die Palmen, die den Uferpromenaden ihren exotischen Touch verleihen, sondern vor allem die traumhaften Gartenanlagen. Dabei stechen besonders die Giardini Hanbury zwischen Ventimiglia und der französisch-italienischen Grenze hervor. Die Gärten, die Sir Thomas Hanbury von 1867 an zur Akklimatisierung tropischer Pflanzen anlegen ließ, erstrecken sich in Terrassen bis zum Meer. Nirgendwo sonst an der ligurischen Küste gibt es eine solche Vielfalt mediterraner wie auch tropischer und subtropischer Pflanzen zu bewundern, die je nach Jahreszeit in ihren schönsten Farben blühen. Ein wahrer Garten Eden!

Ventimiglia | Corso Montecarlo 43 | www.giardinihanbury.com | 1. März–15. Juni, 16. Sept.–15. Okt. tgl. 9.30–17, 16. Juni–15. Sept. tgl. 9.30–18, 16. Okt.–29. Feb. Di–So 9.30–16 Uhr | Eintritt 9 €, Kinder 6 €

NEU ENTDECKT
Worüber man spricht

Ligurien befindet sich stetig im Wandel,
Sehenswürdigkeiten werden eingeweiht, Attraktionen eröffnet,
die Region verändert ihr Gesicht, durch neue Museen, Restaurants
und Geschäfte erlangen ganze Landstriche neue Attraktivität.
Hier erfahren Sie alles über die jüngsten Entwicklungen – damit
Sie keinen dieser aktuell angesagten Orte verpassen.

◀ Stilvoll übernachten auf dem Land: das MUNTAeCARA – Albergo diffuso (▶ S. 17).

MUSEEN UND GALERIEN

CAMeC ▶ S. 73, c 3

Das Zentrum für moderne und zeitgenössische Kunst erweitert die ligurische Museumspalette wohltuend. Untergebracht im ehemaligen Justizpalast werden neben einer hochkarätigen Dauerausstellung mit italienischer Kunst, vertreten durch Renato Guttoso, Carlo Montarsolo und anderen, sowie internationaler Kunst (Calder, Soto, Burri etc.) immer wieder ansprechende Wechselausstellungen präsentiert. Einen Besuch lohnt auch die schöne Museumsbuchhandlung.

La Spezia | Piazza Cesare Battisti 1 | http://camec.spezianet.it | Di–Sa 10–13 und 15–19 Uhr, Sa 11–19 Uhr | Eintritt 6 €, erm. 4 €

Museo Geopaleontologico ✈ M 4

In der restaurierten Burg von Lerici wurde ein paläontologisches Museum eingerichtet, das sich der erdgeschichtlichen Vergangenheit Liguriens widmet und die Entwicklung anhand von Pflanzen- und Insektenfossilien veranschaulicht. In einem Innenhof sind Dinosauriernachbildungen zu besichtigen. Sehr interessant sind die bis zu 220 000 Jahre alten Dinosaurierfußabdrücke. Begeisterung nicht nur bei den Kindern unter den Museumsbesuchern ruft vor allem eine Erdbebensimulationsplatte hervor, die den Betrachter spielerisch das Fürchten lehrt.

Lerici | www.castellodilerici.it | Di–So 10.30–17 Uhr, im Juli und Aug. Di–So 10.30–13.30 und 17–21 Uhr | Eintritt 6 €, erm. 4 €

ÜBERNACHTEN

Grand Hotel Alassio ✈ D 5

Lange Zeit war das im Herzen von Alassio gelegene Grand Hotel, ein neoklassizistischer Hotelpalast, dem unaufhaltsamen Verfall preisgegeben. Glücklicherweise fand sich ein Investor, der dem Niedergang Einhalt gebot. Nach umfangreichen Renovierungsarbeiten erstrahlt das Hotel wieder in seiner alten Pracht. Die Zimmer – teilweise mit Terrasse – bieten höchsten Komfort. Entspannung findet man im zugehörigen Thalasso-Spa oder bei einem Martini auf der schönen Terrasse. Zum Hotel gehört auch ein Privatstrand.

Alassio | Via Gramsci 2/4 | Tel. 01 82/64 87 78 | www.grandhotelalassio.com | 61 Zimmer | €€€

MUNTAeCARA – Albergo Diffuso ✈ A 6

Die angestaubten Urlaubspensionen haben Konkurrenz bekommen: Allerorts wurden in Ligurien nicht nur moderne Designhotels oder kleine Herbergen im landestypischen Stil eröffnet, sondern auch diese einzigartige Herberge in dem verschachtelten mittelalterlichen Dorf Apricale. Verfallene Häuser wurden mit viel Liebe renoviert und werden inzwischen als Suiten oder Gästezimmer vermietet, wobei die Unterkünfte über das ganze Dorf verteilt sind. Die Zimmer mit ihren teilweise offenen Bruchsteinmauern besitzen allen modernen Komfort und sind meist mit traditionellem Mobiliar eingerichtet. Authentischer kann man das ländliche Ligurien nicht erleben.

Apricale | Piazza Vittorio Veneto 2 | Tel. 01 84/20 90 30 | www.muntaecara. it | €€

NH-Marina ▶ Klappe hinten, b 3

Direkt am alten Hafen von Genua und damit in unmittelbarer Nähe zum Aquarium gelegen, bietet dieses Hotel modernen Komfort zu attraktiven Preisen. Das lang gestreckte, auf einer Mole ins Meer ragende Gebäude erinnert an einen Passagierdampfer. Im Sommer trifft man sich zum Frühstück (ausgezeichnetes Angebot) auf der Dachterrasse. Eigene Tiefgarage.

Genua | Molo Ponte Calvi 5 | Tel. 0 10/2 51 13 20 | www.nh-hotels.com | 140 Zimmer | €€

Park Hotel Argento 🎯 L 4

Der ansprechende Neubau an einem Hang über dem Ort ist eine der besten Adressen von Levanto. Nicht nur die

großzügigen Zimmer (fast alle mit Balkon oder Terrasse), auch das stets zuvorkommende Personal sorgen dafür, dass man sich hier richtig wohlfühlt. Ein panoramareicher Swimmingpool, eine Sauna sowie ein Restaurant stehen den Gästen zur Verfügung. Zum Bahnhof sind es nur wenige Gehminuten.

Levanto | Via Sant'Anna | Tel. 0 187/80 12 23 | www.parkhotelargento.com | 47 Zimmer | €€€

ESSEN UND TRINKEN

Le Macine del Confluente 🎯 B 5

Diese alte Mühle am südlichen Ortseingang von Badalucco wurde mit viel Liebe in einen herrlichen Agriturismo-Betrieb verwandelt. Das zünftige, auch von mehreren Restaurantführern gelobte Restaurant ist für seine delikate ländliche Küche und seine üppigen Portionen bekannt. Am besten wählt man das Degustationsmenü, das für 32 € einen bunten Querschnitt durch die ligurische Küche bietet. Für Übernachtungsgäste stehen außerdem großzügige Zimmer in einem Nebengebäude zur Verfügung, tagsüber relaxt man ganz entspannt am Pool.

Badalucco | Località Oxentina | Tel. 01 84/40 70 18 | www.lemacinedel confluente.com | Mi–So geöffnet, im Nov. Betriebsferien | 6 Zimmer | €€

Osteria del Rododendro 🎯 B 4

Eine ländliche Osteria im Arroscia-Tal, die mit familiärem Charme betrieben wird. Wer hier eine seitenlange Speisekarte erwartet, wird enttäuscht sein, dafür werden in dem wuchtigen Steinhaus eine herrliche kleine Auswahl von Antipasti, zwei Nudelgerichte (probieren Sie die hausgemachten, mit frischen Kräutern gefüllten Ravioli!), ein wechselndes Hauptgericht (häufig Kaninchen, Lamm und Wildgerichte) sowie ein leckerer Nachtisch serviert. Im fixen Menüpreis ist auch der Wein enthalten. Hervorragendes Preis-Leistungs-Verhältnis!

Montegrosso Pian Latte | Via IV Novembre 4 | Tel. 01 83/75 25 30 | www.osteria delrododendro.it | in der Nebensaison nur Sa und So, zwei Wochen Ende Sept. Betriebsferien | €€

SPORT UND AKTIVITÄTEN

5 Terre Swimming L 4

Das Meer bei den Cinque-Terre-Dörfern besitzt eine ausgezeichnete Wasserqualität. Statt einfach nur ein wenig im Wasser zu planschen, kann man jetzt auch an einem Langstrecken-Schwimmwettbewerb teilnehmen, so an der 3 km langen Mezzo Fondo di Vernazza (1. So im Sept., 15 €, kostenlos ist die Kurzstrecke über 600 m) oder an dem Distanzschwimmen von Vernazza nach Monterosso al Mare (2,5 km, 10 €). Für durchtrainierte Schwimmer eignet sich dieser Event hervorragend, um die Cinque-Terre-Region einmal vom Wasser aus zu erleben. Allerdings sollte man durchaus Erfahrung mit dem Schwimmen auf offener See haben. Das Salzwasser, die starke Sonneneinstrahlung und die Wellen sorgen für Bedingungen, die nicht mit einem Hallenbad zu vergleichen sind.

Vernazza | Tel. 03 93/5 39 89 10 | http://5terreswimming.it

WELLNESS

Terme di Genova F 2

Ein Thermalbad in Genua? Diese Vorstellung mag überraschen, da man sich die traditionsreiche Hafenstadt nicht als »Kurstadt« vorstellen kann. Doch es stimmt: Bereits seit 1830 werden die oberhalb der Stadt gelegenen Acquasanta Terme als Heilbad für Atemwegserkrankungen genutzt. Das alteingesessene Bürgertum wusste die Heilkraft der Quellen zu schätzen. Nachdem die Thermalanlagen nicht mehr den modernen Anforderungen entsprochen hatten, wurden sie unlängst umfangreich modernisiert und bieten nun auf drei Etagen viel Komfort samt Spa, Beauty-Farm und Hammam.

Genua | Via Acquasanta | Tel. 0 10/63 81 78 | www.termedigenova.it | tgl. 10–20 Uhr, Sa und So bis 19 Uhr | Eintritt ab 20 €

 Weitere Neuentdeckungen sind durch dieses Symbol gekennzeichnet.

Das CAMeC (▶ S. 17) in La Spezia präsentiert moderne und zeitgenössische Kunst. Rechts im Bild eine hölzerne Skulptur des italienischen Objektkünstlers Michelangelo Pistoletto.

LIGURIEN
ERLEBEN

Bei allen Generationen beliebt: mit dem Fiat 500 in Finalborgo (▶ S. 105) unterwegs.

ÜBERNACHTEN

Glanzvolle Hotelpaläste atmen das Flair der Belle Époque, familiengeführte Bauernhöfe verheißen Urlaub auf dem Land, einfache Pensionen schonen den Geldbeutel. Das Angebot an Unterkünften in Ligurien ist reich und vielfältig.

Bereits im 19. Jh. erlebte Ligurien seine erste touristische Blütezeit. Entlang der Küste entstanden prachtvolle Hotelpaläste, die in Sanremo, Bordighera oder Santa Margherita Ligure bis heute vom unvergleichlichen Flair der italienischen Riviera künden und längst zu den Sehenswürdigkeiten der Orte gezählt werden. Die **Grand**hotels sind noch heute eine interessante Möglichkeit, um für ein paar Tage das Flair der Belle Époque zu atmen. Das nötige Kleingeld vorausgesetzt, kann man sich auch eine stilvolle Suite reservieren.

Zweifellos gehört Ligurien nicht zu den günstigen Urlaubsregionen, doch soll dies nicht heißen, dass man sein Haupt – vor allem im Hinterland – nicht auch preiswert betten kann. In den letzten Jahren hat sich das Beherbergungsspektrum spürbar verändert. Die angestaubten Unterkünfte haben Konkurrenz bekommen: Allerorts wurden nicht nur moderne

◄ Altes und Modernes stimmungsvoll kombiniert: Zimmer im Palazzo Cicala (► S. 64).

Designhotels oder kleine Herbergen im landestypischen Stil eröffnet, sondern auch kleine **B&Bs** sind angesagt. Mit Glück findet man eine Unterkunft in einem Palazzo im historischen Zentrum, wo allein die alten Mauern viel Patina verströmen.

STERNE UND PREISE

Wie überall in Italien sind auch die Hotels in Ligurien in fünf mit Sternchen gekennzeichnete **Kategorien** eingeteilt. Die Klassifizierung reicht vom Luxushotel über die anspruchsvolle und gehobene Mittelklasse bis zum durchschnittlichen Zwei-Sterne-Hotel sowie der einfachen, schlichten Unterkunft für Reisende ohne große Ansprüche. Die Sterne beziehen sich nur auf den Komfort, nicht auf die Preise. Dennoch sollte man sich nicht allzu sehr von den Sternen leiten lassen, ein niedriger eingestuftes Hotel kann einem höheren durchaus an Sauberkeit, Ausstattung und Flair überlegen sein, es fehlt eventuell nur ein Fernseher im Zimmer. Für ein Einzelzimmer wird meist der gleiche Preis wie für ein Doppelzimmer berechnet, für ein Zusatzbett dürfen 35 Prozent Aufschlag erhoben werden. Die **Preise** müssen an der Rezeption und in den Zimmern (meist an den Innentüren) deutlich sichtbar angegeben sein. Wenn das Frühstück (meist Buffet) nicht schon im Zimmerpreis enthalten ist, können Sie auch dem Beispiel der Italiener folgen und einfach in die nächste Bar gehen. Das ist nicht nur günstiger, sondern auch authentischer. In den Hotels wie auch in den Restaurants muss man die Rechnung (»ricevuta«) mitnehmen und aufbewahren, denn bei Kontrollen der Finanzpolizei muss dieser Beleg vorgezeigt werden können!

RECHTZEITIG RESERVIEREN

Während man bei einem längeren Aufenthalt in der Nebensaison oft Preisnachlässe bekommt, werden im Juli und August die Zimmer in Alassio und anderen Tourismuszentren zumeist nur in Verbindung mit Voll- oder Halbpension (»mezza pensione«) vermietet, oft wird auch ein Mindestaufenthalt von drei Tagen erwartet. Eine rechtzeitige **Reservierung** in der Hochsaison ist in ganz Ligurien ratsam. In den beliebten Cinque-Terre-Orten sowie in Portofino oder in Sestri Levante sind selbst in der Nebensaison die Unterkünfte gut ausgebucht und das Preisniveau entsprechend hoch.

Auch in Ligurien befindet sich der **Agriturismo**, die italienische Variante des Urlaubs auf dem Bauernhof, auf dem Vormarsch. Kein Wunder, bietet Agriturismo doch eine wunderbare Möglichkeit, in das ligurische Landleben einzutauchen und mit regionalen Spezialitäten verköstigt zu werden. Preislich orientieren sich die meisten Betriebe an Hotels mit der entsprechenden Ausstattung. Zwar verweisen auch die lokalen Tourismusbüros auf Agriturismo-Betriebe, einen besseren und schnelleren Überblick findet man im Internet auf den Webseiten www.agriturismo.it sowie www.agriturismo.com.

ALTERNATIVE FERIENHAUS

Nicht nur Familien mit Kindern wissen den Freiraum zu schätzen, den eine **Ferienwohnung** ermöglicht. Oft bieten diese ein besonderes landestypisches Flair, zudem kann man sich selbst versorgen und ist nicht auf Restaurants angewiesen. Die meisten großen Reiseveranstalter haben Ferienwohnungen und -häuser in ihrem Programm, wobei ein Mindestaufenthalt von einer Woche vorausgesetzt wird. Individuellere Angebote finden sich im Reiseteil der überregionalen Tages- und Wochenzeitungen sowie auf den einschlägigen Internetportalen.

BESONDERE EMPFEHLUNGEN

Colletta C 4

Urlaub im Mittelalter – Im Hinterland von Albenga liegt Colletta, ein ehemaliges Ruinendorf aus dem 13. Jh. Nachdem es etwa 30 Jahre lang verlassen war, wurde es mit viel Liebe restauriert. Die Häuser wurden in Appartements verwandelt. Komfort (WLAN, Fußbodenheizung, Pool etc.) wird man ebenso wenig vermissen wie ein gutes Restaurant (»Le Antiche Pietre«).
Colletta (12 km nordwestl. von Albenga) | Tel. 03 40/1 24 55 87 | www.colletta.it | €€

Grand Hotel Miramare J 3

Nobelherberge – Mit seiner stattlichen weißen Fassade und den grünen Fensterläden dominiert das 1903 eröffnete Grandhotel die Uferpromenade von Santa Margherita Ligure. Berühmte Persönlichkeiten wie Greta Garbo, Vivian Leigh und Maria Callas standen schon auf der Gästeliste. Und einen parkähnlichen Garten sowie einen Swimmingpool gibt es selbstverständlich auch noch.
Santa Margherita Ligure | Via Milite Ignoto 30 | Tel. 01 85/28 70 13 | www.grandhotelmiramare.it | 84 Zimmer | ⓰ | €€€€

Relais di Maro B/C 5

Mit Flair – Traumhaftes Öko-Landhotel mit einem ungewöhnlich geformten Pool. Die Zimmer sind auf insgesamt drei verschiedene Gebäude verteilt, sodass sich diese im Hinterland von Imperia gelegene Herberge gut in den dörflichen Charakter einfügt. Trotz modernem Komfort strahlen die Räumlichkeiten viel Flair aus.

Borgomaro (14 km nördl. von Imperia) | Via Ambrogio Gugleri 1 | Tel. 01 83/ 543 50 | www.relaisdelmaro.it | 15 Zimmer | €€

Relais San Damian ⚓ C 5

Stilvolle Landherberge – Kein Bettenbunker, sondern eine exklusive Herberge im Hinterland von Imperia. Umgeben von einem Olivenhain und einem wunderbaren Garten samt Palmen kann man hier entspannte Tage verbringen. Das Meer ist zwar 6 km entfernt, doch dafür besitzt der Pool einen herrlichen Panoramablick.

Imperia | Strada Vasia 47 | Tel. 01 83/ 28 03 09 | www.san-damian.com | 9 Zimmer | €€

Villa Balbi ⚓ K 3

Mondän – Das in einem pompösen Palazzo aus dem 17. Jh. gelegene Hotel lässt keinen Wunsch offen. Bereits die freskenverzierte Empfangshalle nimmt den Gast mit ihrer besonderen Atmosphäre gefangen. Im parkähnlichen Garten steht den Gästen ein Swimmingpool zur Verfügung, der von Schatten spendenden Bäumen umgeben ist. Strand und Fußgängerzone befinden sich in unmittelbarer Nähe.

Sestri Levante | Viale Rimembranza 1 | Tel. 01 85/4 29 41 | www.villabalbi.it | 105 Zimmer | €€€

Weitere empfehlenswerte Adressen finden Sie im Kapitel LIGURIEN ERKUNDEN.

Preise für ein Doppelzimmer mit Frühstück:

€€€€ ab 250 €	€€€ ab 150 €
€€ ab 100 €	€ bis 100 €

Aus verschachtelten Gängen, Minibalkonen und Terrassen besteht das »moderne« Bergdorf Colletta (▶ S. 24). Hier leben viele Freiberufler, und hier kann man auch Urlaub machen.

Im Fokus
Tourismus: berühmte Gäste, berühmte Hotels

Ligurien war bereits vor 200 Jahren ein beliebtes Reiseziel. Zahllose berühmte Persönlichkeiten verbrachten damals die Wintermonate an der italienischen Riviera. Heute trifft sich der internationale Jetset im ehemaligen Fischerdörfchen Portofino.

Vom Massentourismus war man zu Beginn des 19. Jh. noch weit entfernt. Anfangs war es nur eine Handvoll, zumeist adeliger Persönlichkeiten, die nach Ligurien fuhr. Die italienische Riviera gehörte nicht zu den klassischen Stationen, die betuchte Reisende im Rahmen einer »Grand Tour« aufsuchten. In die Hafenstadt Genua kam man höchstens, um ein Schiff nach Rom oder Sizilien zu besteigen. Niemand ahnte damals, dass man es mit den ersten Vorboten einer neuen Völkerwanderung zu tun hatte. Die Riviera mit ihrem halbmondförmigen Küstenbogen wurde zu einem Sehnsuchtsort für all jene, die von Italien und der Leichtigkeit des südlichen Lebens schwärmten.

Alsbald entstanden ganze Villenviertel, in denen die Touristen im milden mediterranen Klima die kalte Jahreszeit verbringen konnten. Da Englands Seebäder überfüllt und für den Adel ihren Reiz verloren hatten –

◀ Portofino 1954: Humphrey Bogart und
Ava Gardner drehen »Die barfüßige Gräfin«.

allein 1844 kamen mehr als 700 000 Menschen nach Brighton –, flüchtete
die Oberschicht an die Küsten des Mittelmeers. Die nach der untergehenden Sonne benannte Riviera di Ponente und die buchtenreiche Riviera di
Levante standen hoch im Kurs: Maler wie Claude Monet und Komponis-
ten wie Richard Wagner begeisterten sich für den Küstenabschnitt, dazu
gesellten sich noch Snobs und Hochstapler, die im neu errichteten Casino
von Sanremo ihrem Glück hinterherjagten.

SEHNSUCHT NACH DER BLUMENRIVIERA

Auch das Landschaftsbild veränderte sich, tropische Pflanzen wurden akklimatisiert und weitläufige Gärten wie in Bordighera oder Ventimiglia
angelegt. An den Promenaden konnte man unter exotischen Palmen
wandeln, und über allem lag ein Hauch von englischer Eleganz und
Noblesse. Vor allem die Schriftsteller haben die Küste gepriesen, allen
voran der englisch-italienische Autor Giovanni Ruffini, der mit seinem
Roman »Doctor Antonio« die Sehnsucht nach der Blumenriviera ge-
weckt hatte. Sie habe Kaffee »unter echten Orangenbäumen mit Oran-
gen« getrunken, schrieb die Schriftstellerin George Sand 1855 in einem
Brief an die Daheimgebliebenen. Der US-amerikanische Autor Mark
Twain begeisterte sich wiederum für die Reize der Damenwelt: »Es mag
hübschere Frauen in Europa geben, aber ich bezweifle es …«

MÜSSIGGANG UNTER PALMEN

Offiziell suchte man die Riviera noch immer der Gesundheit wegen auf,
doch die Zeitgenossen wussten um die wahren Motive der Müßiggänger:
»Weil es Mode ist oder aus Langeweile und aus Vergnügungssucht reisen
genauso viele Leute hierher wie wegen ihres schlechten Gesundheitszu-
stands«, empörte sich 1870 ein Engländer. Damals erachtete man das mil-
de Winterklima und die salzhaltige Luft irrtümlicherweise als heilende
Therapie für Lungenkrankheiten. Begüterte Patienten verbrachten in der
Hoffnung auf Genesung jedes Jahr die Wintermonate an der Riviera. Der
große Schweizer Kulturhistoriker Jakob Burckhardt kommentierte dies
1881 süffisant: »Was die Riviera betrifft, so müsste dieselbe, wenn die jet-
zigen Zeiten des Luxus fortdauern, in wenigen Jahren nichts als ein einzi-
ges Hotel werden, wo das ganze reiche und kränkelnde Europa den Winter zubrächte. Sobald das Meer ruhig wäre, würde man nichts mehr als

Husten hören.« Das Sanatorium bestand aus einer morbiden Gesellschaft, die sich in zugigen Winterwochen gleich reihenweise lichtete. Oder um mit Guy de Maupassant zu sprechen: »Wie sehr muss dieser entzückende und zugleich furchtbare Landstrich bloß in allen Ecken der Welt verwunschen werden, das einparfümierte, süße Vorzimmer des Todes.«

TREFFPUNKT GRANDHOTEL

Der Glanz und die Pracht der Grandhotels, die für jeden zugänglich waren, der über ausreichende finanzielle Mittel verfügte, ließ auch die Aristokratie nicht unberührt. Hatte sich der Adel jahrhundertelang in seinen Schlössern und auf seinen Landsitzen in einem elitären Zirkel vergnügt, so übernahm der Adel im Laufe des 19. Jh. in vielen Bereichen den bürgerlichen Lebensstil bis hin zur Kleidung und zum Freizeitverhalten, selbst Könige orientierten sich am Großbürgertum. Das Grandhotel, das Traumschloss des Bürgertums, wurde zum gemeinsamen Treffpunkt. Der europäische Adel verbrachte die Sommerfrische in den Schweizer Bergen und amüsierte sich im milden Winterklima an der Côte d'Azur oder an der französischen Riviera. »Prunk, Luxus, Überfluss«, lautete der Leitspruch der Hoteliers, die stolz auf ihre säulenumkränzten Hotelhallen mit dem obligatorischen Kristalllüster waren. Teilweise wurde jeder Gast von bis zu zwei Angestellten umsorgt, den Adeligen und Industriellen sollte es in ihren Häusern an nichts fehlen. Die wahre Bühne lag allerdings im Freien: Sobald sich die Sonne zeigte, versammelte man sich auf den Terrassen der Grandhotels in Sanremo und Portofino. Statt zu wandern begnügte man sich mit einem Spaziergang über die Uferpromenade.

Zu den bekanntesten Hotels gehören das Grand Hotel Savoie in Genua, das Grand Hotel Miramare in Santa Margherita Ligure und das Hotel Splendido in Portofino, in dessen Gästebuch, das sich wie eine Auflistung des europäischen Adels liest, sich auch Edward, der Herzog von Windsor, und seine amerikanische Ehefrau Wallis Simpson verewigten.

Dort und in den anderen Küstenorten traf sich die künstlerisch-intellektuelle Avantgarde jener Epoche, wobei das illustre Spektrum von Rosa Luxemburg über Gerhart Hauptmann und Paul Klee bis hin zu Friedrich Nietzsche reichte, der auf einem Spaziergang bei Zoagli erstmals die Idee des Zarathustra gehabt haben soll. Claude Monet war vom »zauberhaften Licht« der Riviera fasziniert und Sigmund Freud berichtete seinem Bruder aus Rapallo: »Die himmlische Sonne und das göttliche Meer – Apollo und Poseidon – sind Feinde aller Leistung«, er gehe »ganz im Wohlleben unter«. Auf den Spuren von Lord Byron und Percy B. Shelley kam der englische Schriftsteller D. H. Lawrence nach Lerici und träumte gar davon, im kristallinen Wasser zu »ertrinken«.

BRÖCKELNDE FASSADEN

Viele Luxushotels wurden seit dem Ende des Ersten Weltkrieges abgerissen, in Appartements umgewandelt oder dämmerten noch eine Zeitlang vor sich hin, bevor sie dem endgültigen Verfall preisgegeben wurden und das Personal in alle Winde verstreut war. Die Fassaden bröckelten, die Balkongeländer setzten Rost an, und die Türen knarrten, sodass die leeren Palasthotels mit ihren durchgewetzten Teppichen zur morbiden Chiffre der Dekadenz wurden. Mancherorts prangte die Aufschrift »Grand Hotel« wie ein verjährtes Versprechen auf dem Dachfirst. Auch die verbliebenen Palasthotels waren schwer vom Schicksal gezeichnet: Einige wurden vom Spielplatz der Hautevolee zum Tummelplatz der Halbwelt degradiert. Doch gab es noch ein paar leuchtende Sterne am Hotelhimmel, die ihren Glanz und ihren Ruhm über den Krieg hinüberretten konnten. Das grandios verfallene Hotel Angst in Bordighera ist noch heute in seinem Belle-Époque-Zustand erstarrt. Morbider Charme hinter rostigen Eisengittern.

JETSET-LEBEN IN PORTOFINO

Nach dem Zweiten Weltkrieg waren es dann nicht mehr die Adeligen und Großbürger, sondern der internationale Jetset, der sich für die ligurische Küste begeisterte. Vor allem Portofino wurde zum Treffpunkt der Reichen und Schönen. Tankerkönig Aristoteles Onassis kreuzte mit seiner 100-Meter-Yacht »Christina O.« vor Portofino, dessen Hafen auch die Hollywood-Schauspieler Errol Flynn und John Wayne gerne mit ihren Booten ansteuerten. Durch Zufall konnte man auch Ernest Hemingway treffen, der mit Kunstmäzenin Peggy Guggenheim im Café saß und ein paar Whiskys trank. Lauren Bacall und Ava Gardner schauten ebenso auf einen Sprung vorbei wie Clark Gable, Winston Churchill oder Jackie Kennedy. Den spektakulärsten Auftritt wusste aber Giovanni Agnelli zu inszenieren: Der Lebemann und Fiat-Industrielle reiste im Sommer an den Wochenenden mit dem Hubschrauber aus seiner Heimatstadt Turin an und sprang direkt ins Meer.

Bis heute ist das einstige Fischerdorf das teuerste Pflaster Liguriens geblieben. Nirgendwo liegen Schein und Sein so eng nebeneinander. Obwohl der einstige Glanz etwas blasser geworden ist, besitzt Portofino noch heute den größten Glamourfaktor von allen Orten Liguriens.

ESSEN UND TRINKEN

Die ligurische Küche ist berühmt für ihre erlesenen Zutaten, die Feinschmecker zu schätzen wissen. Duftende Kräuter in großer Auswahl, gartenfrisches Gemüse, fangfrischer Fisch und Meeresfrüchte bilden die Grundlage für zahlreiche Gaumenfreuden.

Ligurien gleicht einem überdimensionalen Kräuter- und Gemüsegarten. Im Frühjahr duftet die Küste an allen Ecken nach Basilikum, das die Basis für das wohl bekannteste Gericht der ligurischen Küche ist: »**Pesto**«, eine sämige Soße aus fein gestampftem Basilikum, Salz, Knoblauch, gehackten Pinienkernen, Parmesankäse und Olivenöl, wird traditionell zu den langen, flachen »Trenette«-Nudeln gereicht.

Die Pinienkerne sowie die ebenfalls häufig verwendeten Rosinen und Sardellen sind übrigens ein Indiz dafür, dass die ligurische Küche weit mehr als üblicherweise angenommen von den Sarazenen beeinflusst worden ist. Auch die als »**ravioli**« bekannten Teigtaschen stammen ursprünglich aus dem Orient, wenngleich sich hartnäckig die Legende hält, ein genuesischer Schiffskoch habe als Erster die Idee gehabt, Fleisch- und Gemüsereste in Teigtaschen einzurollen. Die Erfindung der berühmten

◄ Pesto als Beigabe ist typisch für die
ligurische Variante der Minestrone (► S. 31).

»minestrone« macht den Genuesen allerdings niemand streitig. Aus Gemüse wissen die ligurischen Köche nicht nur diese leckere Suppe zuzubereiten: Tomaten, Paprika, Zucchini und Auberginen werden mit allen nur erdenklichen Zutaten gefüllt und kommen als »**ripieni**« auf den Tisch. Beliebt sind auch die Gemüsetorten, allen voran die mehrschichtige »**torta pasqualina**« (Ostertorte), in der sich Spinat und ganze Eier befinden. In der Herstellung von Pasta kennen sich die Ligurer ebenfalls vorzüglich aus: Die Restaurants sind bekannt für ihre ausgezeichnete hausgemachte »**pasta**« (Teigwaren), die in variantenreichen Formen serviert wird. Es verwundert daher auch nicht, dass am Arcobaleno mehrere große Nudelfabriken beheimatet sind.

FISCH UND FLEISCH

Alle bedeutenden ligurischen Städte liegen am Meer, und so ist es nur selbstverständlich, dass Fisch und Meeresfrüchte ihren festen Platz auf den Speisekarten haben. Da die Fanggründe des Mittelmeers heute nicht mehr sehr ergiebig sind, wird zwangsweise Atlantikfisch importiert. Das Spektrum der angebotenen Fischgerichte ist daher noch immer sehr vielfältig: Es reicht von Edelfischen, die vorzugsweise gegrillt werden, über Stockfisch, »**stoccafisso**«, in verschiedensten Variationen bis hin zu den berühmten Sardellen aus Monterosso al Mare. Ein typisches ligurisches Fischgericht ist beispielsweise der als Fastenspeise beliebte »**cappon magro**«, ein Salat aus Gemüse und Meeresfrüchten, der in noblen Restaurants gar von einer Languste gekrönt wird. Eine weitere Delikatesse sind die Miesmuscheln, die in der Bucht von La Spezia gezüchtet werden. Im ligurischen Hinterland wird hingegen eine eher bodenständige Küche gepflegt. Traditionell stehen Lamm- sowie Ziegengerichte, aber auch Kaninchen und Huhn auf dem Küchenzettel. Die Zubereitung erfolgt häufig in einem Schmortopf. Wildgerichte bilden die große Ausnahme. Die Region um Pigna ist für ihren Pilzreichtum bekannt, der sich selbstverständlich in den örtlichen Speisekarten niederschlägt. Ein andere Delikatesse, die »**trippe in brodo**«, eine herzhafte, als Seemannsfrühstück gerühmte Kuttelsuppe, ist sicherlich nicht jedermanns Sache.
Ligurien ist keine bekannte Weinregion, für einen groß angelegten Weinbau bietet der schmale Küstenstreifen nicht genug Platz. Aufgrund der quantitativ relativ geringen Ernte werden die ligurischen Weine kaum

exportiert: Sie werden fast ausschließlich für den Eigenbedarf produziert, kommen in den Restaurants als Hauswein auf den Tisch oder werden in den regionalen Supermärkten und Weinhandlungen verkauft. Dennoch haben sich die ligurischen Winzer in Liebhaberkreisen einen ausgezeichneten Ruf erworben.

EDLE LIGURISCHE TROPFEN

Der bekannteste ligurische Weißwein ist der »**Cinqueterre**«. Er ist goldgelb in der Farbe und – wie alle ligurischen Weine – ausgesprochen trocken im Geschmack. Berühmt ist der »**Sciacchetrà**«, ein charaktervoller Rebensaft aus dem Cinque-Terre-Gebiet, der zumeist zu Dessertwein veredelt wird. Der aus den sonnenverwöhnten Reben gekelterte Weißwein wurde schon von Boccaccio und Petrarca gerühmt und im Spätmittelalter nach England exportiert. Wer Rotwein bevorzugt, ist mit einem »**Rossese di Dolceacqua**« gut beraten. Der rubinrote Wein erhielt 1972 als erster ligurischer Wein das begehrte DOC-Siegel und passt dank seiner kräftigen Struktur hervorragend zu Braten- und Wildgerichten.

ITALIENISCHE ESSKULTUR

Die italienischen Essgewohnheiten unterscheiden sich von denen in deutschsprachigen Ländern. Das Frühstück, »**prima colazione**«, fällt spartanisch aus: Ein Espresso oder Cappuccino mit einem gefüllten Hörnchen, das ist genug. Das Mittagessen, »**pranzo**«, wird recht spät eingenommen: Erst ab 13 Uhr füllen sich die Lokale. Gleiches gilt für das Abendessen, »**cena**«, die italienische Hauptmahlzeit, die selten vor 20 Uhr beginnt. Ob Sie hierzu einem »ristorante«, einer »osteria« oder einer »trattoria« den Vorzug geben, ist relativ nebensächlich, da sich die ehemals deutlichen Unterscheidungsmerkmale stark nivelliert haben.

Die Höflichkeit gebietet, dass der Gast nicht einfach den nächstbesten Tisch ansteuert, sondern sich am Eingang geduldet, bis ihm ein Platz angeboten wird; eigene Wünsche können selbstverständlich geäußert werden. Erwartet wird, dass Sie sich für ein Menü entscheiden. Dies besteht zumindest aus dem »**primo piatto**« – meistens ein Nudelgericht – und dem »**secondo piatto**«, dem Hauptgang mit Fisch oder Fleisch. Erweitert kann die Menüfolge durch Vorspeisen (»antipasti«), diverse Beilagen (»contorni«), Käse (»formaggio«) und eine süße Nachspeise (»dolce«) werden. Zum Abschluss wird noch gern »**caffè**« (kleiner schwarzer Kaffee) gereicht. Für das Gedeck (»coperto«) wird pro Person ein Fixbetrag berechnet, der unabhängig von der Bestellung zu bezahlen ist.

BESONDERE EMPFEHLUNGEN

All'inferno ▶ S. 73, b 2

Traditionell – Die 1905 eröffnete Osteria ist eine Institution. Die Küche ist so bodenständig wie das Ziegelgewölbe des Kellers, in dem sich das Lokal befindet. Freitag sollte man unbedingt Stockfisch (»stoccafisso«) probieren!
La Spezia | Via Costa 3 | So Ruhetag, im August Betriebsferien | Tel. 01 87/2 94 58 | €€

Eataly ▶ Klappe hinten, c 4

Erlebnisgastronomie – Direkt am Hafen liegt dieses moderne Feinkostgeschäft mit Imbissmöglichkeiten und angegliedertem Feinschmeckerrestaurant Il Marin. Ligurien vom Feinsten!
Genua | Calata Cattaneo 15 | Tel. 0 10/8 69 87 21 | www.genova.eataly.it | tgl. 10–22.30 Uhr | €€

Focacceria Il Falcone 🐟 L 4

Schnelle Küche – Unweit des Meeres gibt es in Levanto die wahrscheinlich leckersten »focacce« in ganz Ligurien. Mit Straßenterrasse.
Levanto | Via Cairoli 19 | tgl. 9–22 Uhr | €

Puppo 🐟 D 4

Farinataträume – Mitten in der Altstadt wird hier »farinata« serviert, das kleine Restaurant ist vom leckeren Duft, der aus dem Ofen strömt, erfüllt.
Albenga | Via Torlaro 20 | tgl. 18–22, Di–Fr auch 12–14 Uhr | www.dapuppo.it | €

Weitere empfehlenswerte Adressen finden Sie im Kapitel LIGURIEN ERKUNDEN.

Preise für ein dreigängiges Menü:

€€€€	ab 60 €	€€€	ab 35 €
€€	ab 25 €	€	bis 25 €

Hoch oben auf einer Terrasse sitzend, von Weinranken umgeben und den Blick auf die Bucht von Noli (▶ S. 107) gerichtet, so genießt man ligurische Spezialitäten besonders gern.

Grüner reisen
Urlaub nachhaltig genießen

Wer zu Hause umweltbewusst lebt, möchte vielleicht auch im Urlaub Menschen unterstützen, denen ein verantwortungsvoller Umgang mit der Natur am Herzen liegt. Empfehlenswerte Projekte, mit denen Sie sich und der Umwelt einen Gefallen tun können, finden Sie hier.

Was den ökologischen Landbau betrifft, so nimmt Ligurien in Italien eine Vorreiterrolle ein, wenngleich aufgrund der geografischen Gegebenheiten nur ein kleiner Teil der Region landwirtschaftlich nutzbar ist. Die Terrassenlandschaft der Cinque Terre ist zwar von Menschenhand gestaltet worden, aber bei einer Wanderung entlang der mit Olivenbäumen und Weinreben bepflanzten Terrassenfelder kann man sich an der einzigartigen Symbiose zwischen Natur und Kultur kaum sattsehen. Die UNESCO hat dies gewürdigt, indem sie 1998 den Nationalpark zusammen mit dem benachbarten Portovenere zum Welterbe ernannt und unter besonderen Schutz gestellt hat. In zahlreichen Orten und Dörfern im Hinterland bemüht man sich, die alten Strukturen wiederzubeleben und der Abwanderung entgegenzutreten, etwa in Torri Superiore oder in Baiardo und Varese Ligure, wo die Abwanderung der Landbevölkerung durch nachhaltige ökologische Projekte gestoppt werden konnte. Einen wichtigen Beitrag zum Erhalt der traditionellen Landwirtschaft leisten die Agriturismo-Betriebe, deren Zahl in den letzten Jahren stetig zugenommen hat. Die Zutaten für die Gerichte, die den Gästen an der abendlichen Tafel serviert werden, stammen meist aus dem eigenen Anbau oder aus der unmittelbaren Nachbarschaft. Regionalität wird hier großgeschrieben! Glücklicherweise ist Ligurien mit öffentlichen Verkehrsmitteln gut erschlossen, und eine der herrlichsten Erkundungsmöglichkeiten ist eine Zugfahrt entlang der Küste oder mit der Schmalspurbahn von Genua hinauf nach Casella. Besonders reizvoll sind auch Bootstouren entlang der ligurischen Küste, die beim Whalewatching ein einzigartiges Naturerlebnis versprechen.

ÜBERNACHTEN

Agriturismo Le Grigue ✈ K3

Unweit der Küste bei Moneglia hat sich dieser deutsch-italienische Familienbetrieb dem Agriturismo verschrieben. Es werden hier nicht nur ein paar Zimmer, sondern auch komplett ausgestattete Hauszelte vermietet, die auf Oliventerrassen aufgestellt sind. Zudem betreibt die Familie Baldini etwas Landwirtschaft, vor allem Obst- und Gemüseanbau, produziert Bio-Olivenöl und stellt leckere Marmeladen und »pesto« her. Und am Morgen gibt es für die Gäste frische Eier von wirklich glücklichen Hühnern. Erholung pur! Ganzjährig geöffnet.

Moneglia | Località Dollera 11 | Tel. 01 85/49 17 42 | www.legrigue.it | 2 Zimmer, 3 Ferienwohnungen | €

ESSEN UND TRINKEN

Agriturismo Il Mulino ✈ E2

Vom touristischen Albisola sind es mit dem Auto gerade mal 15 Minuten bis zu dem Bauernhof von Enrico Codara, der sich als kleines Paradies für Liebhaber von Biokost entpuppt. Insgesamt werden auf dem Hof 140 Ziegen, aber auch zahlreiche Schweine, Geflügel und Kaninchen gezüchtet. Der cremige Ziegenkäse kann selbstverständlich direkt vor Ort verkostet und erworben werden, außerdem wird jeden Tag außer Mittwochmittags und abends ein typisch ligurisches Menü serviert, wobei Käse, Salami und die Fleischprodukte selbstverständlich aus dem eigenen zertifizierten Anbau stammen.

Stella | Fraz. S. Martino 167–177 | Tel. 0 19/70 63 03 | www.formaggetta distella.it | €€

EINKAUFEN

Bio Vio ✈ D4

Das im Hinterland von Albenga gelegene Landgut Bio Vio hat sich seit mehr als einem Jahrzehnt dem ökologischen Landbau verpflichtet. Auf mehreren Hektar wird Wein angebaut und im eigenen Weinkeller gereift, darunter trockene vollmundige Rotweine aus der Granaccia-Rebe sowie fruchtige Weißweine der heimischen Rebsorten Pigato und Vermentino, die hervorragend zu Fischgerichten passen. Ein weiterer Schwerpunkt ist die Produktion von erstklassigem Olivenöl (Extra Vergine) mit der typischen goldgelben Farbe des kalt gepressten Öls aus der ersten Pressung sowie der Anbau von Gewürzkräutern.

Bastia d'Albenga | Via Crociata 24 | Tel. 01 82/2 18 56 | www.biovio.it

AKTIVITÄTEN

Cinque Terre Card

Wie kaum eine andere italienische Region fühlen sich die Cinque Terre dem sanften Tourismus verpflichtet. Schon vor Jahrzehnten weigerten sich die Bewohner aus Sorge um den Erhalt ihrer Abgeschiedenheit mit Erfolg gegen eine eigene Autobahnausfahrt. Und noch heute ist das Auto das denkbar ungünstigste Verkehrsmittel, um den Nationalpark zu erkunden, in dem es kaum Parkmöglichkeiten und nicht einmal eine Tankstelle gibt. Dafür lässt sich der Küstenabschnitt herrlich zu Fuß oder mit der häufig verkehrenden Eisenbahn erkunden, da alle fünf Orte einen (meist) unterirdischen Bahnhof besitzen. Und in den Dörfern verkehren Elektrobusse. Dieses Verhalten wird durch die in den Nationalparkbüros an den Bahnhöfen der fünf Dörfer erhältliche »Cinque Terre Card« auch bewusst gesteuert. Die Karte mit einer Gültigkeitsdauer von 1 oder 2 Tagen berechtigt zum Benutzen aller zwischen den Dörfern verkehrenden Züge sowie zum Besuch des kostenpflichtigen Küstenpfades. Außerdem ist die Karte mit Preisen von 10 € bis zu 19 € recht günstig.

www.parconazionale5terre.it

Ecovillaggio Torri Superiore ◢ A 6

Torri Superiore teilte das Schicksal vieler kleiner Dörfer im ligurischen Hinterland. Große Teile der Bevölkerung haben im Laufe des 20. Jh. ihre Heimatdörfer verlassen, da es kaum Zukunftsperspektiven gab und sie sehnsüchtig auf die Freizeitvergnügungen und Beschäftigungsmöglichkeiten ihrer Altersgenossen in den Küstenorten blickten. Manche Dörfer wie Torri Superiore blieben gar als gänzlich verlassene Ruinendörfer zurück. Doch glücklicherweise fanden sich 1989 ein paar begeisterte Aktivisten, die sich zusammenschlossen, um das mittelalterliche Dorf in ein Kulturzentrum mit ökologischem Schwerpunkt zu verwandeln. Mehr als zwei Jahrzehnte später kann man über den Erfolg des Projektes geradezu staunen. Der aus verschachtelten Häusern, Terrassen und Treppen bestehende Dorfkomplex aus dem 13. Jh. ist zu neuem Leben erwacht, mehr als 20 Menschen leben inzwischen dauerhaft in Torri Superiore und bestreiten ein aktives Kulturprogramm mit Yoga- und Töpfer-Workshops, zudem betreibt eine Kooperative ein Gästehaus sowie ein Restaurant, in dem selbstverständlich alle Zutaten aus lokalem und ökologischem Anbau stammen. Rund um das Dorf können zudem schöne Spaziergänge und Wanderungen entlang des Flusses oder in Richtung Berge unternommen werden.

Ventimiglia | Coop. Ture Nirvane, Via Torri Superiore | Tel. 01 84/21 55 04 | www.torri-superiore.org

Whalewatching ▶ Klappe hinten, b/c 3

Schon seit Jahrhunderten berichteten Seeleute von Walen, die sie vor der ligurischen Küste gesichtet hatten. Lange Zeit dachte man, dass es sich um verirrte Einzelgänger handelt, erst spät haben Meeresbiologen herausgefunden, dass es eine richtige Walpopulation gibt. Die Gewässer vor der ligurischen Küste sind seit 1999 als internationales Walschutzgebiet ausgewiesen. Das fast 100 000 qkm große Meeresterrain ist Schutzraum für Finnwale, Grindwale, Pottwale, außerdem Delfine und Große Tümmler, die hier in ihrem natürlichen Lebensraum beobachtet werden können. Da man aber vom Strand aus nie einen richtigen Wal zu Gesicht bekommen wird, bieten sich spezielle Bootstouren zum Whalewatching an. Auf der Suche nach den großen Meeressäugern fahren die Besucherschiffe rund 20 Seemeilen vor die Küste Liguriens. Um Kritik von Naturschützern entgegenzutreten, werden diese Fahrten in wissenschaftlicher Begleitung eines Biologen unternommen, sodass die dabei gemachten Beobachtungen ausgewertet werden und Rückschlüsse auf das Verhalten der Meeressäuger gezogen werden können. Rund fünf Stunden dauern die Touren, und nicht nur Kinder sind begeistert, wenn neben dem Boot eine Delfinschule vorbeischwimmt oder einer der bis zu 25 m langen Pottwale eine mächtige Fontäne ausstößt und seine Fluke wie zum Gruß erhebt. Es kann natürlich auch einmal vorkommen, dass man keine Meeressäuger zu sehen bekommt (die Sichtungsgarantie liegt bei 90 %), aber dann hat man immerhin einen schönen Schiffsausflug unternommen. Es gibt verschiedene Anbieter. Im Sommerhalbjahr starten Ausflugsboote von Genua, Imperia, Savona, Loano, Alassio und Sanremo. Da die Fahrten beliebt und die Plätze auf den mittelgroßen Schiffen begrenzt sind, ist eine rechtzeitige Reservierung in der Hochsaison empfehlenswert.

Genua: Abfahrt am Porto Antico beim Aquarium | Tel. 0 10/26 57 75 | www.whalewatchliguria.it | Abfahrtszeiten: März–Sept. Sa 13 Uhr, Anfang Juli–Ende Aug. auch Mi 13 Uhr, Dauer 5 Std. | Ticket 33 €, Kinder 18 €

Ladengeschäft im Landgut Bio Vio (▶ S. 35): Von hier aus werden die nach streng ökologischen Kriterien hergestellten Produkte Wein, Kräuter und Olivenöl in alle Welt exportiert.

EINKAUFEN

*Ein ausgedehnter Marktbummel darf bei keinem Urlaub
an der italienischen Riviera fehlen. Nach Hause zurückgekehrt,
helfen die erstandenen Souvenirs und kulinarischen
Köstlichkeiten die Urlaubserinnerungen wachzuhalten.*

Viele kulinarische Leckereien wie Wein und Salami kann man bequem
im Reisegepäck verstauen, und auch ein Glas »pesto« und eingelegtes Gemüse sollten Platz finden. An erster Stelle sollte auf Ihrem Einkaufszettel
jedoch das ligurische Olivenöl stehen, denn auf seine Qualität gründet
sich das hohe Ansehen der regionalen Küche.
Mit seinem schmalen Küstensaum ist Ligurien traditionell eine arme Region gewesen. Durch die Berge war man von den getreidereichen Ebenen
abgeschnitten. Neben dem Fischfang waren die Haupterzeugnisse Wein,
Walnüsse, Kräuter und Olivenöl, und aus den Kräutern und dem Olivenöl perfektionierte man in Genua die »**pesto alla genovese**« genannte Basi-
likumsauce, wobei noch Pinienkerne, Knoblauch und geriebener Par-
mesan oder Pecorino hinzugegeben werden. Nudeln mit »pesto« sind ein
ligurischer Klassiker und daher ist die Sauce ein ideales Mitbringsel. Auf-

◀ Im Marmor-Mörser schonend zerstampft werden
die Zutaten für die Genueser Pesto-Sauce (▶ S. 38).

grund seiner Zutaten ist »pesto« ein relativ teures Produkt. Echtes »pesto« darf man keineswegs mit der Massenware aus den Supermärkten verwechseln, da dort oft aus Kostengründen Oliven- mit Sonnenblumenöl, Pinienkerne mit Cashewkernen und das Basilikum mit Petersilie gestreckt oder gänzlich ersetzt werden.

LIGURISCHES GOLD

Das **Olivenöl**, das in den Flusstälern der italienischen Riviera gewonnen wird, steht in dem Ruf, das beste der Welt zu sein! Als Zentrum der ligurischen Olivenölherstellung gilt Dolcedo, ein kleines Dorf, das 8 km nordwestlich von Imperia liegt. Es ist noch gar nicht so lange her, dass hier der Wert eines Grundstücks einzig an der Zahl seiner Olivenbäume gemessen wurde. Die ligurischen Oliven, die im Vergleich mit griechischen oder spanischen Oliven eher klein und schrumpelig aussehen, zeichnen sich durch einen weitaus höheren Ölgehalt sowie einen sehr niedrigen Säureanteil aus, weswegen das aus ihnen gepresste Olivenöl sehr mild im Geschmack ist. Qualitativ besonders hochwertig ist das **»olio extra vergine«**, das »jungfräuliche« Öl mit gelblich-grüner Farbe, das ausschließlich bei der ersten Kaltpressung gewonnen wird. Wer will, kann sich bei den kleineren Produzenten mittels Kostprobe von der Qualität des angebotenen Olivenöls überzeugen.

Doch nicht nur in flüssiger Form eignen sich Oliven als willkommenes Mitbringsel. Hervorragend mundet auch die **»pasta d'olive«**, eine dunkle Paste, die man auf geröstete Brotscheiben streicht. Von ausgezeichneter Qualität sind zudem die ligurischen »pomodori secchi«, getrocknete Tomaten – was zum Teil sicher daran liegt, dass sie in heimischem Olivenöl eingelegt werden.

MARKTFREUDEN

Es ist immer wieder ein besonderes Vergnügen, am Markttag durch eine italienische Stadt zu streifen. Schon früh am Morgen beginnt das geschäftige Treiben an den Ständen. Neben frischem Gemüse und Pasta, Käse, Wurst oder Fisch werden auch Blumen und Textilien feilgeboten. Wer zeitig kommt, hat die größte Auswahl; wer bis Mittag wartet, hat vielleicht kurz vor dem Standabbau noch die Chance, schnell ein Schnäppchen zu machen. Besonders reizvoll ist der **Mercato Orientale** in Genua, denn die

Markthalle ist in den Gemäuern eines früheren Klosters untergebracht. Manche ligurischen Märkte sind weit über ihre Grenzen hinaus bekannt, so der **Blumengroßmarkt** von Sanremo und der berühmte **Freitagsmarkt** von Ventimiglia, zu dem die Kauf- und Schaulustigen von weit her kommen. Liebhaber von alten Möbeln und nostalgischem Krimskrams versäumen es hingegen nicht, die **Antiquitätenmärkte** in Taggia (letztes Wochenende im Monat) und Sarzana (August) zu besuchen. Zeitgenössische Kunst – Gemälde, Graphiken, Skulpturen und Kunsthandwerk – findet man das ganze Jahr über in dem Ruinendorf Bussana Vecchia.

Die Geschäfte sind werktags in der Regel vormittags von 9 bis 13 Uhr und am späten Nachmittag von 16 bis 19.30 Uhr geöffnet, wobei der Samstag als normaler Werktag gilt. Es handelt sich dabei um keine starr festgelegten Zeiten, fast überall findet sich auch am Sonntagvormittag ein geöffnetes Lebensmittelgeschäft.

Hinweis: Bewahren Sie bitte den Kassenzettel, »scontrino«, oder die Quittung, »ricevuta«, nach Verlassen des Geschäfts oder Lokals noch eine Weile auf, denn dieser Beleg muss bei Kontrollen der Finanzpolizei auf Verlangen vorgezeigt werden! Wer keine Quittung hat, kann mit einer saftigen Geldstrafe rechnen.

BESONDERE EMPFEHLUNGEN

LEBENSMITTEL

Olioteca Bansigo   M 4

Weniger ein Lebensmittelladen als eine Designboutique für Olivenöl. Mitten in der Altstadt von Portovenere werden feinste Olivenöle sowie andere Produkte auf Olivenbasis angeboten, die von ligurischen Produzenten stammen. Man kann die Öle verkosten und in ein Wunschgefäß abfüllen lassen.

Portovenere | Via Capellini 70 | Tel. 01 87/790 30 43 | www.oliotecabansigo.it

MÄRKTE

Freitagsmarkt in Ventimiglia   A 6

Der Freitagsmarkt in »Xxmiglia« – so eine beliebte, auch auf Verkehrsschildern Verwendung findende Abkürzung des Stadtnamens – ist weit über die Stadtgrenzen hinaus bekannt. Mehr als 20 000 Menschen (!) bummeln über den Straßenmarkt, wobei ihr Interesse nicht den Obst-, Blumen und Gemüseständen gilt, sondern den Textilangeboten zu Schnäppchenpreisen: Zahllose Händler locken mit unechten Designertaschen und -brillen, falschen Dior-Gürteln und nachgemachten Hèrmes-Tüchern, alles in allem gibt es hier zahllose gefälschte Markenartikel zu kaufen. Begleitet wird das bunte Markttreiben von einem sich allwöchentlich wiederholenden Verkehrschaos, manch einer findet erst in Bordighera einen Parkplatz. Wer kann, sollte daher mit dem Zug anreisen.

Ventimiglia | Lungo Roja Rossi/Via Vittorio Veneto | Mai–Okt. 6–18, Nov.–April 6–17 Uhr

WEIN

Cantina Cinque Terre L 4

Die Cinque Terre mit ihren Terrassenfeldern sind eine einzigartige Kulturlandschaft. Der wichtigste Faktor, um den Erhalt dieser Landschaft mit ihren typischen Trockenmauern langfristig zu sichern und der Erosion Einhalt zu gebieten, ist eine funktionierende Landwirtschaft. Neben dem Olivenanbau ist es vor allem der Weinbau, der noch heute intensiv betrieben wird. Rund 300 Landwirte haben sich zu einer Cooperativa zusammengeschlossen, um ihre Produkte besser vermarkten zu können. Oberhalb von Manarola (40 Fußminuten), aber auch leicht mit dem Auto zu erreichen, kann man die Weine der Cooperativa verkosten und im Direktverkauf erwerben, darunter auch den bernsteinfarbenen Sciacche-trà, der als »König der Cinque-Terre-Weine gilt«. Im zugehörigen Laden werden auch andere lokale Produkte wie Pesto, Olivenöl, Käuterlikör, Grappa oder Honig verkauft. Es werden auch Führungen durch den Weinkeller und Verkostungen angeboten, allerdings muss man sich hierfür mindestens drei Tage vorher anmelden. Die Führung dauert eine Stunde und kostet 9 €. Eine Besichtigung der Weinberge ist ebenfalls möglich, jedoch muss eine Mindestteilnehmerzahl von 15 Personen erreicht sein.

Groppo di Manarola | Tel. 01 87/ 92 04 35 | www.cantinacinqueterre. com | Mo–Sa 7–19, So und Feiertag 9–12.30 und 14.30–19 Uhr

Weitere Geschäfte und Märkte finden Sie im Kapitel **LIGURIEN ERKUNDEN**.

Jedes Jahr im August wird in Sarzana (▶ S. 76) der größte Antiquitätenmarkt Norditaliens abgehalten, wobei die Verkaufsstücke in Innenhöfen oder auf der Straße ausgestellt sind.

Im Fokus
Oliven: Geschmack und Bild
einer Landschaft

Wer durch Ligurien reist, kann die Oliven nicht übersehen.
Landauf, landab stehen die knorrigen Bäume mit ihren silbriggrünen
Blättern auf den schmalen, erdgefüllten Mauerterrassen.
Sie prägen das Landschaftsbild und den Speisezettel.

Jahrhundertelang wurde in Ligurien der Wert eines Grundstücks mittels der Anzahl seiner Olivenbäume bemessen. Im Gegensatz zum Weinanbau benötigen Olivenbäume weniger Pflege, sodass sie auch auf steilen Hängen gepflanzt werden konnten. Zwar werden Olivenbäume auch in den Cinque Terre kultiviert, doch das Zentrum des ligurischen Olivenanbaus befindet sich zwischen Savona und Ventimiglia im Westen der Region. Insgesamt dürften rund vier Millionen Olivenbäume in Ligurien wachsen, doch der Olivenanbau geht zurück, in den Tälern kann man immer mehr verlassene Olivenkulturen sehen.

Der Olivenbaum gilt als die mediterrane Kulturpflanze schlechthin. Zwar wurden schon in römischer Zeit Oliven in Ligurien geerntet, doch es waren die Benediktinermönche von Taggia, die vor rund 800 Jahren begannen, die Oliven zu kultivieren. Die Benediktiner haben andere Olivensor-

◀ Bereit für die Weiterverarbeitung: Frisch
geerntete schwarze und grüne Oliven.

ten veredelt und eine eigene Sorte gezüchtet, die auf den sonnigen Hügeln auch in einer Höhe von 700 m noch gut gedeiht. In mühevoller Arbeit wurden an den Hängen Terrassen angelegt, um den Anbau zu erleichtern. Diese nach den Mönchen benannten »Taggiasca-Oliven« sind besonders kleine schmackhafte Oliven, deren Öl gelb und sehr mild ist, und sich durch eine leichte Geschmacksnote auszeichnet, die zwischen Pinienkernen und Süßmandel changiert. Längst gelten die Taggiasca-Oliven aufgrund ihres geringen Säuregehalts als Garant für ein erstklassiges Olivenöl, das weltweit von Feinschmeckern und Sterneköchen geschätzt und zu hohen Preisen gehandelt wird. Kein Wunder: Der Ertrag eines durchschnittlichen Baums liegt bei 20 Kilo Früchten, aus denen dann mit viel Handarbeit zwischen drei und vier Liter Öl gewonnen werden können.

ERNTE- UND MAHLTECHNIK

Die Olivenernte dauert ein halbes Jahr und beginnt Mitte Oktober in den geschützten Tälern; auf den Höhenzügen werden die letzten Oliven sogar erst im April geerntet. Zuerst werden die farbigen Netze kunstvoll ausgebreitet, dann schlägt der Bauer mit einem »Trappa« genannten Kastanienstock so gegen die Äste des Baums, dass die schwarzen und grünen Früchte in die Netze prasseln, ohne dass die jungen Triebe geschädigt werden. Die Oliven werden dann in Körben gesammelt, wobei die Früchte erst von Hand von Ästen und Blättern befreit, dann gewaschen und noch am gleichen Tag gemahlen werden.

Die großen Mahlsteine in den historischen Mühlen erinnern daran, dass die Kerne früher gleich beim ersten Durchgang mitgemahlen wurden. Aus Qualitätsgründen lässt man die Kerne heute beim ersten Mahlgang oft noch ganz. Für dieses schonende Verfahren verwendet man einen großen Räderabstand. Anschließend wird die Olivenmasse in Nylon-Presskörbe (»fiscoli«) gestopft, die man turmhoch aufeinanderstapelt. Das Öl, das so durch das Eigengewicht aus der Schale und dem Fruchtfleisch herausgepresst wird, zeichnet sich durch einen besonders niedrigen Säuregehalt aus (bis zu 0,2 %). Anschließend wird die Maische in einer stärkeren Mühle samt Kernen gemahlen. Dieses Öl darf ebenso als »Extra Vergine« verkauft werden, da es nicht mehr als ein Prozent freie Fettsäuren enthält. Am besten kauft man Olivenöl direkt vor Ort, dann kann man sicher sein, dass es auch von ligurischen Bäumen stammt.

SPORT UND STRÄNDE

Die rund 300 km lange italienische Riviera ist das klassische Ziel eines Strandurlaubs. Liguriens Strände sind berühmt, allerdings im Sommer oft überfüllt, denn auch die Italiener verbringen ihre Ferien vorzugsweise am Meer.

Vor allem in den Wochen rund um »ferragosto« (15. August) treffen sich die Italiener gerne mit Freunden und Verwandten am Strand. Das sommerliche Strandleben genießt in Italien den Status einer Weltanschauung mit festen Ritualen. »La spiaggia« ist eine Bühne, die von vielen Akteuren bespielt wird, wobei Bademeister, Eisverkäufer und afrikanische Händler dabei wichtige Nebenrollen spielen. Zum italienischen Lieblingsvergnügen gehört ein erfrischender Plausch, der sich auch über eine Stunde hinziehen kann, während man bis zur Hüfte im Wasser steht.

Lang gestreckte **Sandstrände** findet man hauptsächlich an der Riviera di Ponente westlich von Genua, während an der Riviera di Levante Liebhaber kleinerer versteckter Felsbuchten fündig werden. Typisch für Ligurien sind die vielen Stadtstrände wie in Alassio, Finale Ligure oder Laigueglia, wo sich das Strandleben direkt vor der Uferpromenade ab-

◀ Schöne Strände hat der Cinque-Terre-Ort
Monterosso al Mare (▶ S. 49, 81) zu bieten.

spielt. Der Küstensaum ist eng, sodass die Bahnlinie wie in Monterosso al Mare oft direkt hinter den Stränden verläuft. Die Wasserqualität ist fast überall hervorragend! Keine andere Region Italiens besitzt so viele mit einer blauen Flagge (»bandiere blu«) ausgezeichnete Gemeinden, wobei neben der Sauberkeit auch die lokalen Initiativen zum Umweltschutz bewertet werden.

KOSTENPFLICHTIGE STRANDBÄDER

Die Badesaison währt von Ende Mai, wenn die Wassertemperaturen die 20-Grad-Grenze erreichen, bis weit in den Oktober hinein. Sonnenbaden ist selbst noch im November möglich. Die **Wassersportangebote** sind zahlreich: Neben schwimmen und tauchen kann man segeln, Wasserski fahren oder surfen. Wer sich am Strand eines der bekannteren Küstenorte sonnen will, kommt an den eintrittspflichtigen Badeanstalten (»stabilimenti balneari«) kaum vorbei; nur die wenigsten Strandabschnitte sind frei zugänglich. Zwei Liegen mit Schirm können für rund 20 € am Tag gemietet werden. Ein Bademeister (»bagnino«) weist die Plätze zu, wobei die in vorderster Front mit uneingeschränktem Meerblick aufgestellten Liegen oft den Stammgästen vorbehalten sind. Ein weiterer Vorteil: Meist stehen den Gästen auch Umkleiden, Duschen und Toiletten zur Verfügung, in den nobleren Badeanstalten gibt es sogar Restaurants mit ambitionierter Küche.

ZU WASSER UND ZU LANDE

Aufgrund der ausgezeichneten Wasserqualität und einem konsequenten Schutz der Unterwasserwelt sind die ligurischen Küsten ein ideales **Tauchrevier**. Um die Unterwasserflora zu schützen, dürfen Boote beispielsweise nur an bestimmten Stellen ankern.

Das bergige Hinterland Liguriens stellt eine Herausforderung für jeden passionierten Radfahrer dar. Steile Kehren ziehen sich bis zu den Bergpässen empor. Die zumeist spärlich befahrenen Landstraßen versprechen höchstes Fahrvergnügen, kombiniert mit einem intensiven Naturerlebnis. Im Winter ziehen die bis über 2000 m emporragenden Berge vor allem die Skiläufer an. Die Saison reicht bis weit ins Frühjahr hinein; wer Gegensätze liebt, wedelt bis zum Nachmittag über die Piste und genießt eine Stunde später Après-Ski unter Palmen …

ANGELN

Für das Angeln in Seen und Flüssen benötigt man einen örtlichen Angelschein. Weitere Informationen halten die regionalen Informationsbüros bereit. Das Fischen im Meer ist ohne besondere Einschränkungen gestattet.

Wollen Sie's wagen?

Der australische Trendsport Bungee-Jumping hat mittlerweile auch in Ligurien Fuß gefasst. Wagemutige können sich von der 120 m hohen Ponte di Loreto bei Triora kopfüber in die Tiefe stürzen.

CANYONING

Auch in Ligurien erfreut sich diese Sportart in den letzten Jahren immer größerer Beliebtheit. Man steigt in den Bergen in eine enge Schlucht ein und folgt dem Lauf des Flusses. Auf dem Weg entlang der steil aufragenden Felsformationen muss man sich immer wieder abseilen, stellenweise von Felsvorsprüngen in dunkle Wasserlöcher hinabspringen und gefährliche Strudelwannen überwinden, bevor sich irgendwann wieder eine Möglichkeit bietet, der Schlucht zu entsteigen.

Da die wenigsten wagemutigen Touristen die für das Canyoning notwendige Ausrüstung und das entsprechende technische Know-how mitbringen, bieten mehrere Veranstalter organisierte Canyon-Tagestouren mit spektakulären Höhepunkten an (beispielsweise in Rocchetta Nervina nahe der französischen Grenze oder im Arroscia-Tal bei Pieve di Teco). Wer sich mit einer Gruppe auf eigene Faust auf den Weg machen will, braucht einen speziellen Neoprenanzug, rutschfeste Profilschuhe, einen wasserdichten Rucksack sowie einen Sitzgurt und Abseilgerätschaften. Ohne die nötige Erfahrung ist allerdings davon abzuraten, eine unbekannte Schlucht zu erkunden.

www.liguriadventure.it

DRACHENFLIEGEN

Lautlos über einer Steilküste zu segeln, dies ist der Traum vieler Paraglider und Drachenflieger. Ligurien bietet hierzu zahlreiche Gelegenheiten. Starten kann man beispielsweise in den Hügeln oberhalb von Alassio, Noli oder Finale Ligure. Achtung: An der gesamten Küste ist das Landen am Strand vom 1. Juni bis 30. September verboten!

GOLF

Auf insgesamt sieben Golfplätzen kann man auch im Ligurien-Urlaub dem »grünen Sport« frönen. 18-Loch-Plätze gibt es beispielsweise in Rapallo, Sanremo und Garlenda bei Albenga, 9-Loch-Plätze in Marigola bei Lerici sowie Arenzano. Dank des milden Klimas ist Golfen an der italienischen Riviera ein ganzjähriges Vergnügen.

KLETTERN

Die beliebteste Kletterregion Liguriens ist das felsige Hinterland von Finale Ligure, wo man technisch anspruchsvolle Routen in allen Schwierigkeitsvarianten vorfindet. Die Felsen des Monte Cucco, der Rocca di Perti und der Rocca di Corno ziehen mit ihren steilen Felswänden Sportkletterer seit Jahrzehnten magisch an und bieten teilweise herrliche Ausblicke auf die Küstenlandschaft der Riviera. Freeclimber haben die Wahl zwischen mehr als 1500 verschiedenen Routen. Weitere Kletterreviere finden sich im südlich von Albenga gelegenen Val Pennavaire oder im Arroscia-Tal.

MOUNTAINBIKE

Das hügelige Hinterland Liguriens ist ein ideales Terrain zum Mountainbiken. Besonders die Grenzregion zu Frankreich und die Berge hinter Finale Ligure bieten Mountainbikern alle Herausforderungen. Teilweise gibt es sogar ausgeschilderte Routen.

RADFAHREN

Italien ist ein Land der Radfahrer. Es ist sicher nicht jedermanns Sache, die ligurische Bergwelt mit dem Fahrrad zu erklimmen, doch wer die sportliche Herausforderung sucht, findet hier sicherlich das geeignete Terrain. Vor allem am Wochenende erproben ambitionierte Freizeitradler die Pässe im Hinterland von Sanremo. Wer gemütlichere und kürzere Touren bevorzugt, dem sei eine stillgelegte Eisenbahntrasse (▶ S. 13) empfohlen, die Levanto über Bonassola mit Framura verbindet.

REITEN

Ligurien hoch zu Ross zu erkunden, ist eine überaus reizvolle Alternative zum Wandern und Fahrradfahren. Es gibt Agriturismo-Betriebe, die sich auf Reiterferien spezialisiert haben, sowie Anbieter, die Reittouren über uralte Maultierpfade sowie durch mittelalterliche Bergdörfer, über Forstwege und historische Handelsrouten organisieren.
www.equitour.it, www.fise.it

Von Sporttauchern zum Wracktauchen (▶ S. 48) genutzt: Die »Amoco Milford Haven«, ein unter zypriotischer Flagge fahrender Öltanker, explodierte und sank 1991 vor dem Hafen Genuas.

SEGELN UND SURFEN

Zahlreiche Segel- und Surfschulen bieten in den Badeorten ihre Dienste an; auch Surfbretter sind dort zahlreich vorhanden (rund 15 € Ausleihgebühr für den halben Tag). Auch der neueste Trendsport Kite-Surfing wird an der ligurischen Küste, beispielsweise in Andora, ausgeübt.

TAUCHEN

Die felsigen Küstenabschnitte Liguriens, beispielsweise an der Riviera de Levante, aber auch die Gewässer rund um Imperia sind reizvolle Reviere für Taucher und Schnorchler. In der Bucht von Genua liegt seit 1991 der Tanker »Amoco Milford Haven« in mehr als 80 m Tiefe auf dem Grund – ein herrlicher Unterwasserspielplatz für erfahrene Sporttaucher! Doch auch direkt an der Küste gibt es viel zu entdecken: Wer im Reisegepäck keinen Platz für Taucherbrille, Schnorchel und Flossen hat, dem sei als Ersatz eine gute Schwimmbrille empfohlen.

TENNIS

Die Freunde des »weißen Sports« kommen nicht zu kurz: In den Ferienorten, bei den meisten Hotels der gehobenen Mittelklasse sowie komfortablen Campingplätzen stehen Spielmöglichkeiten für Urlauber zur Verfügung.

WANDERN

Ligurien ist ein ausgesprochenes Wanderparadies. Ganz gleich ob in Küstennähe oder im Hinterland, die überaus reizvolle Landschaft fordert geradezu zu einer Erkundung auf Schusters Rappen heraus. Ein absoluter Höhepunkt für alle Wanderfreaks ist die Alta Via dei Monti Liguri, ein gut markierter Höhenwanderweg, der in 44 Etappen à 10 km in einem weiten Bogen von Ventimiglia bis nach La Spezia führt. Herrliche Ausblicke sind garantiert!

Informationen: Club Alpino Italiano | Mailand | Tel. 0 20/2 05 72 31 | www.caimilano.eu

Wollen Sie's wagen?

Kanufreaks schätzen die wilden Sturzbäche, die sich zwischen imposanten Felsen hindurch ihren Weg zur Küste bahnen. Beliebt zum Wildwasserkajak fahren oder Rafting sind beispielsweise der Torrente Argentina zwischen Triora und Taggia oder der Torrente Gottero im Vara-Tal. Im Vara-Tal werden ebenfalls Rafting-Touren angeboten.

Rafting: Walter Filattiera | Tel. 00 39/33 89 99 85 61 (mobil) | www.rafting liguria.it

WINTERSPORT

Das im Hinterland von Rapallo gelegene Santo Stefano d'Aveto bietet mehrere Skilifte und gespurte Loipen. Eine Kabinenbahn führt auf den 1777 m hohen Monte Bue hinauf. Weitere Skigebiete sind Monesi di Triora sowie die Pisten am 2200 m hohen Monte Saccarello.

STRÄNDE

Alassio   D 5

Der feinsandige Stadtstrand ist sehr schön, in der Hochsaison jedoch restlos überfüllt. Wer vom Strand ins Zentrum geht, muss angemessen bekleidet sein, sonst drohen Geldstrafen!

Bordighera ⚑ A 6

Lang gestreckter, gepflegter Kieselstrand mit öffentlichen Duschen.

Camogli ⚑ H 3

Einer der schönsten Stadtstrände. Baden vor einer Traumkulisse.

Finale Ligure ⚑ D 4

Gepflegter, sanft abfallender Sandstrand, dahinter eine mit Palmen bepflanzte Uferpromenade. Für Familien mit Kindern daher gut geeignet.

Genua/Arenzano ⚑ F 2

Vom Baden in der ligurischen Hauptstadt sollte man Abstand nehmen oder wenigstens in den nur wenige Kilometer westlich gelegenen Vorort Arenzano weiterfahren.

Laigueglia ⚑ D 5

Feinsandiger Stadtstrand mit Flair. Wer in die Altstadt will, muss nicht einmal eine Straße überqueren. Nachteil: Es gibt hier fast ausschließlich Badeanstalten. Ein frei zugänglicher, naturbelassener Steinstrand findet sich im Westen des Ortes.

Loano ⚑ D 4

Der breite Strand ist im Sommer fest in touristischer Hand.

Marinella di Sarzana ⚑ M 4

Wer an diesem schönen Sandstrand badet, genießt einen Blick auf die Apuanischen Alpen.

Monterosso al Mare ⚑ L 4

Dank zweier Kiesbuchten ist Monterosso al Mare zum beliebtesten Badeort der Cinque Terre avanciert.

Noli ⚑ E 3

Grobkörniger Sandstrand an einer rund 1 km langen Bucht. Ausgezeichnete Wasserqualität.

Portofino ⚑ J 3

2 km vor dem Ort lockt in Paraggi eine traumhafte Bucht mit glasklarem, smaragdgrünem Wasser. Der öffentliche Strand ist nur 10 m breit, viel leerer ist es auf den Liegen der kostenpflichtigen »stabilimenti«.

Punta Chiappa ⚑ H 3

An der felsigen Spitze der Halbinsel von Portofino locken glasklares Wasser und Einsamkeit. Nur zu Fuß oder mit dem Boot zu erreichen.

San Fruttuoso ⚑ H 3

Eine herrliche Felsbucht mit Kiesstrand, die man sich in der Hochsaison allerdings mit vielen Ausflüglern teilt.

Sestri Levante ⚑ K 3

Die feinsandige Baia del Silenzio (»Bucht der Stille«) gehört zu den panoramareichsten Stadtstränden.

Varigotti ⚑ E 4

Die italienische Tageszeitung »La Stampa« kürte den Hausstrand zu den zehn schönsten des Landes.

Ventimiglia ⚑ A 6

Großer Kiesstrand mit klarem Wasser, für Familien eher weniger geeignet.

Vernazza ⚑ L 4

In dem Cinque-Terre-Ort gibt es zwar einen Mini-Sandstrand am Hafen, aber schöner ist es, von der kleinen Hafenmole direkt ins Meer zu springen.

FESTE FEIERN

Die Ligurer gelten zwar als verschlossen und zurückhaltend,
dennoch haben sie eine außergewöhnlich bunte Festkultur hervorge-
bracht. Die in vielen Orten stattfindenden Karfreitagsprozessionen
sind Ausdruck einer lebendigen Volksfrömmigkeit.

Unter feierlichen Gesängen tragen die Bruderschaften in der Karwoche
zentnerschwere Heiligenfiguren durch die Straßen, um das Leiden Christi
am eigenen Leib zu erfahren. Als besonders sehenswert gilt die **Karfrei-**
tagsprozession in Savona, die entlang eines von Kuppelkapellen gesäumten Kreuzwegs verläuft. Neben den mit Inbrunst begangenen religiösen
Festen wie Ferragosto gibt es zahllose lokale Veranstaltungen, die sich
großer Beliebtheit erfreuen.

Die Bandbreite reicht von historischen **Schauspielen** und **Bootsregatten**
bis hin zu den von den Parteien organisierten Sommerfesten. Während
manche Feste auf eine jahrhundertelange Tradition zurückblicken können, sind andere erst von lokalen Tourismusexperten ins Leben gerufen
worden – was ihrer Attraktivität allerdings keinen Abbruch tut. Besonders zahlreich sind die Angebote in der ligurischen Metropole Genua.

◀ Dorftradition erleben: Zuschauer bei der
Karfreitagsprozession in Corniglia (▶ S. 79).

Das größte Sportevent der Region ist das erstmals im Jahre 1907 ausgetra-
gene **Radrennen** von Mailand nach Sanremo, es gehört längst zu den
Klassikern im Radsport. Mit einer Strecke von 290 km ist es das längste
Eintagesrennen Italiens. Spektakulär sind die Passagen, die direkt an der
Riviera entlangführen und von zahlreichen Zuschauern gesäumt sind.

JANUAR

Corso Fiorito, Sanremo

Farbenfrohes Blumenfest auf den Straßen von Sanremo.

Ende Januar

FEBRUAR

Festa dei Saraceni, Taggia

In Taggia gedenkt man mit einem
volkstümlichen Freudenfest der Erret-
tung der Stadt vor den Sarazenen.

12. Februar

Festival della Canzone italiana, Sanremo

Wettbewerb der beliebtesten italienischen Schlagersänger in Sanremo.

Ende Februar/Anfang März
www.sanremo.rai.it

MÄRZ

Gran Fondo Milano – Sanremo

Der alljährliche Radsportevent trägt
den Beinamen »La Primavera« (Fahrt
in den Frühling).

Ende März
www.milano-sanremo.org

APRIL

Processione del Venerdì Santo

Am Karfreitag finden in zahlreichen
Orten Prozessionen statt.

MAI

Festa della Barca, Baiardo

Das zu Pfingsten in Baiardo inszenierte
Fest erinnert an die tragische Liebe der
Tochter des Grafen von Baiardo zu ei-
nem Kapitän einer verfeindeten Flotte.

Pfingstsonntag

JUNI

Regata dei Rioni, Genua

Die Vertreter der Genueser Stadtviertel
treffen sich zu einem Ruderwettkampf.

Ende Juni

AUGUST

Stella Maris, Camogli

Geschmückte Fischerboote nehmen an
der Punta Chiappa an einer Messe teil.

1. Sonntag im August

Torta dei Fieschi, Lavagna

Zur Erinnerung an die Hochzeit des
Grafen Opizzo Fieschi mit Bianca dei
Bianchi wird in Lavagna eine riesige
Gemüsetorte öffentlich verteilt.

14. August

SEPTEMBER

Regata dei Rioni, Noli

Ruder- und Geschicklichkeitswettbe-
werb in historischen Kostümen.

2. Wochenende im September

MIT ALLEN SINNEN
Ligurien spüren & erleben

Reisen – das bedeutet aufregende Gerüche und neue Geschmacks-erlebnisse, intensive Farben, unbekannte Klänge und unerwartete Einsichten; denn unterwegs ist Ihr Geist auf besondere Art und Weise geschärft. Also, lassen Sie sich mit unseren Empfehlungen auf das Leben vor Ort ein, fordern Sie Ihre Sinne heraus und erleben Sie Inspiration. Es wird Ihnen unter die Haut gehen!

◄ Marmorner Engel als Grabfigur auf dem Cimitero di Staglieno (▶ S. 53) in Genua.

SEHENSWERTES

Acquario di Genova ⭐ 👫

▶ **Klappe hinten, b/c 3**

Ein Besuch des Aquariums von Genua gehört geradezu zum Pflichtprogramm eines Ligurienaufenthalts. Die unwirkliche Schönheit der scheinbar schwerelos treibenden Quallen nimmt einen dabei ebenso gefangen wie die Begegnung mit den Pinguinen, Delfinen oder Robben. Das auf einer Mole im alten Hafen errichtete Aquarium ist das größte Europas. Es beherbergt rund 70 große Becken, in denen sich neben den Publikumslieblingen wie Delfinen, Haien, Seehunden und Pinguinen auch kleinere Meeresbewohner wie Nadelfische und Makrelen tummeln. In jedem Becken ist ein bestimmter Lebensraum nachgebildet, beispielsweise tropische Karibikgewässer oder die Unterwasserflora und -fauna der Amazonaswälder respektive des Roten Meeres. Besonde-

rer Beliebtheit erfreut sich ein Bassin mit Rochen, die sich im flachen Wasser bereitwillig streicheln lassen. Vor allem Kinder sind von dem farbenfrohen Meeresgetier derart angetan, dass sie gar Stunden im stummen Dialog vor den Glasscheiben verbringen können. Kein Wunder, dass das Aquarium von Genua mit jährlich mehr als eineinhalb Millionen Besuchern zu den drei meistbesuchten Sehenswürdigkeiten Italiens gehört.

Genua | Area Porto Antico, Ponte Spinola | Tel. 0 10/2 34 56 78 | www.acquariodigenova.it | tgl. 9–20.30, Juli und Aug. tgl. 8.30–22.30 Uhr | Eintritt 23 €, Kinder 15 €

Cimitero di Staglieno

▶ **Klappe hinten, nordöstl. f 2**

Paris ist berühmt für seinen größten Friedhof, Pierre Lachaise, Genua für den Cimitero di Staglieno. Am Nordrand der Stadt erstreckt sich Genuas weltberühmte Totenstadt mit ihrer fantastisch-verspielten Symbolik. Die monumentalen Grabdenkmäler des zwischen 1840 und 1878 errichteten Friedhofs faszinieren durch ihre lebensnahe Symbolik. Die Anlage des Friedhofs spiegelt die soziale Struktur der Stadt wider: Während sich in den Randbereichen des Campo Santo die Gräber der Armen in den an Schließfächer erinnernden Kolumbarien drängen, blieben die Galerien um den klassizistischen Zentraltempel dem Adel und dem reichen Bürgertum vorbehalten, die sich dort ihre vornehmen Grabkammern einrichteten. Bei einem Spaziergang durch die ausgedehnte Anlage wird einem auf anschauliche Weise bewusst, dass der Tod zum Leben dazugehört.

Genua | 3 km nördlich des Zentrums, Bus Nr. 34 ab Piazza Principe | tgl. 7.30–17 Uhr

Ein Abend auf der Piazza delle Erbe

▶ Klappe hinten, d 5

Das italienische Leben spielt sich im Sommer vor allem auf den Straßen und Plätzen der Städte und Dörfer ab. Hier trifft man sich zu einem Plausch mit den Nachbarn und Freunden, hier genießt man die lauen Abende und amüsiert sich bis weit in die Nacht hinein. In Genua sollte man unbedingt die Piazza delle Erbe aufsuchen, denn in den dortigen Kneipen und Restaurants herrscht viel Stimmung, sodass es manchmal nicht leicht ist, einen leeren Tisch zu finden. Hier wird italienisches Flair zelebriert wie auf einer großen Theaterbühne.

Genua

und den zahlreichen Einheimischen sowie Gästen kostenlos gereicht. Eine kulinarische Demonstration ligurischer Lebenslust!

Camogli | 2. Sonntag im Mai

ESSEN UND TRINKEN

Pasta, Pesto und Vino

Diesem ligurischen Dreiklang kann man sich nicht entziehen. Ein dampfender Teller frischer Pasta mit dem typischen ligurischen Pestoduft lässt einem immer wieder das Wasser im Mund zusammenlaufen. Veggie-Day? Im pestoverliebten Ligurien hat dies eine lange Tradition. Dazu ein Glas heimischer Weißwein aus den Cinque Terre, und der Himmel ist nah!

KULTUR UND UNTERHALTUNG

Sagra del Pesce   H 3

Wenn die traditionsreiche Hafenstadt Camogli Mitte Mai zu ihrem traditionellen Fischfest einlädt, kann man dies schon kilometerweit riechen, denn die verführerischen Düfte hüllen die gesamte Altstadt ein. In der angeblich größten Bratpfanne der Welt werden am Hafen die fangfrischen Meeresfrüchte gleich zentnerweise frittiert

AKTIVITÄTEN

Birdwatching   F 2

Die Italiener werden von den Nordeuropäern immer wieder dafür gerügt, dass sie Singvögel abschießen oder mit Netzen fangen und diese dann verzehren. Glücklicherweise gibt es aber auch Gebiete wie den Parco Naturale Regionale del Beigua, in denen nicht nur die Vogeljagd strengstens verboten ist, sondern die Vogelwelt auf geführten Wanderungen erklärt wird. Zahlreiche Zugvögel, darunter Rauchschwalbe und Mauersegler, aber auch Star, Buchfink, Wiesenpieper, Misteldrossel sowie Schwarzstorch und Weißstorch, machen hier Rast. Zudem leben Raubvögel wie Wespenbussard, Schlangenadler oder der Schwarze Milan dauerhaft in dem Naturpark am Monte Beigua. Ausgebildete Führer organisieren Touren durch das Gebiet. Wer sich mit Vögeln auskennt und mit einem Fernglas »bewaffnet« ist, kann das Hinterland von Arenzano auf dem

Höhenwanderpfad Alta Via dei Monti Liguri aber auch hervorragend auf eigene Faust erkunden.

Besucherzentrum Parco del Beigua: Arenzano | Via G. Marconi 165 | Tel. 0 10/8 59 03 00 | www.parcobeigua.it | Informationen zu Führungen: www.parks.it/parco.beigua/man.html

Tauchen in der Tonnarella di Camogli ⚓ H 3

Der Thunfischfang wird in Camogli mindestens seit dem Spätmittelalter betrieben. Die Tonnarella von Camogli ist die älteste an der ligurischen Küste. Seit dem 17. Jh. werden mit der traditionellen Netzanlage Thunfische gefangen, die zwischen April und Oktober zum Laichen ins Mittelmeer kommen. Die Tonnarella gilt als eine anstrengende, aber sehr nachhaltige Fangmethode, da die Jungfische durch die großen Maschen des Netzes entkommen können und es somit keinen Beifang gibt. Touristen haben die Möglichkeit, die Fischfanganlage in kleinen Gruppen auf einem Tauchgang kennenzulernen.

Camogli | Via San Fortunato 7 | Tel. 01 85/77 27 51 | www.bbdiving.it | Tauchgänge Mo–Fr 7.45 und 15.30 Uhr | 90 €

NATURERLEBNIS
Caletta di Bergeggi ⚓ E 3

Bei der Wahl zum italienischen Traumstrand könnte Ligurien mehrere aussichtsreiche Kandidaten ins Rennen schicken. Noch vor der Malpasso Baia bei Varigotti sollte man dem Strand von Bergeggi den Vorzug geben. Nach einem kurzen Abstieg von der Küstenstraße erreicht man die kleine Bucht mit ihrem glasklaren türkisfarbenen Wasser, die malerisch von Felsen und Pinien eingerahmt wird; eine naturbelassene Bucht, die zur »Riserva naturale regionale di Bergeggi« gehört und daher unter Naturschutz steht. So schön kann ein Strandtag sein!

An der Küstenstraße (SS 1), 2 km nordöstl. von Spotorno

Einen angenehmen Badetag verbringen kann man an der Caletta di Bergeggi (▶ S. 55). Erreichbar ist dieser naturgeschützte Ort nur durch einen Abstieg von der Küstenstraße SS 1.

LIGURIEN
ERKUNDEN

Im Hafen von Camogli (▶ S. 88) hängen
Fischernetze zum Trocknen auf einem Balken.

GENUA

Als »La Superba«, die Stolze, bezeichnete der Dichter Petrarca
seinerzeit die ligurische Metropole, deren Häuser die Hänge
emporklettern und die sich zum allgegenwärtigen Meer hin
wie ein riesiges Amphitheater öffnet.

Wer das historische Zentrum von Genua besichtigen will, muss sich erst durch die Außenbezirke mit ihren grauen Häuserfassaden und Industriebetrieben quälen. Platz ist seit jeher knapp: Genua erstreckt sich auf einem unregelmäßigen, zum Meer hin abfallenden Hang. Die Straßen und Gassen sind steil, Treppen, Aufzüge und Zahnradbahnen prägen das Stadtbild, Autofahrer werden über ein ausgeklügeltes System von Brücken und Tunnels durch die Metropole geleitet, ohne allerdings viel von ihr zu Gesicht zu bekommen. Die Altstadt ist für den modernen Verkehr denkbar ungeeignet, selten sind die dunklen Gassen mehr als drei Meter breit, weshalb auch die prunkvollen Stadtpaläste oft nicht recht zur Geltung kommen. Nichtsdestotrotz besitzt Genua einen sehr gut erhaltenen historischen Stadtkern, der im Jahr 2006 zurecht von der UNESCO zum Weltkulturerbe erklärt wurde.

◄ Der Alte Hafen von Genua (▶ S. 60) mit dem Panoramaaufzug Bigo.

Durch den Apennin hart ans Meer gedrängt, verfügt Genua über kein rechtes Hinterland. Die Genuesen machten aus der Not eine Tugend und konzentrierten sich auf den lukrativen Seehandel. Ihren großen Aufstieg zur mittelalterlichen Seemacht erlebte die Stadt im 12. Jh. Zusammen mit der großen Rivalin Venedig beherrschte Genuas Flotte jahrhundertelang das Mittelmeer bis hin zum Orient. Die mit Geldgeschäften vertrauten genuesischen Kaufleute gründeten wenig später das erste »Geldinstitut« Europas, die berühmte Bank von San Giorgio. Seither tragen bekanntlich die wichtigsten Begriffe des Bankwesens italienische Namen, und an der ligurischen Küste entstand, wie der französische Historiker Fernand Braudel treffend schrieb, die »erste Metropole des Kapitalismus«. Der sagenhafte Reichtum der Kaufleute spiegelt sich noch heute in den prächtigen Palazzi wider, die das Altstadtbild dominieren.

GENUA (GENOVA) G 2

780 000 Einwohner
Stadtplan ▶ Klappe hinten

SEHENSWERTES

⭐ **Acquario di Genova** 👫 ▶ S. 53

Cimitero di Staglieno ▶ S. 53

① Duomo San Lorenzo
Genuas schönstes und mit einer Länge von über 100 m auch größtes Gotteshaus. Das feingliedrige Portal der Bischofskirche erinnert an nordfranzösische Kathedralen, die wohl dem unbekannten Baumeister als Vorbild dienten. Die in weißem Marmor und schwarzem Schiefer gehaltene Fassade ist hingegen ein unverkennbares Merkmal der ligurischen Gotteshäuser, mächtige Löwen flankieren die Treppen, die zum Eingangsportal führen. Nach einem Brand wurde der Dom im frühen 14. Jh. im gotischen Stil erneuert, die romanischen Säulen im Inneren des dreischiffigen Kirchenraums stammen noch von dem Vorgängerbau, während der 200 Jahre später errichtete Glockenturm bereits Renaissance-Elemente zeigt.

Besonders prächtig ausgestattet ist die Cappella di San Giovanni Battista im linken Seitenschiff: Dort ruhen seit 1098 die von genuesischen Kaufleuten aus dem Heiligen Land mitgebrachten Reliquien Johannes des Täufers. Von der benachbarten Cybo-Kapelle gelangt man in das Museo del Tesoro. Das Domschatzmuseum beherbergt neben liturgischen Gegenständen und Messgewändern auch wertvolle Reliquien. Kostbarstes Exponat ist eine orientalische Glasschüssel, die der christlichen Legende zufolge von Jesus beim Abendmahl benutzt worden ist. In Wirklichkeit ist die smaragdgrüne Schüssel aber höchstens 1250 Jahre alt.

Piazza San Lorenzo | Museo del Tesoro: Mo–Sa 9.30–12 und 15–18 Uhr

② Hafen

Trotz mehrerer Krisen ist der Hafen von Genua der nach Marseille zweitgrößte Hafen am Mittelmeer. Im Kolumbusjahr 1992 wurde der »Porto antico« unter Federführung des Stararchitekten Renzo Piano enorm aufgepeppt. Mit einem Kongresszentrum, Ausstellungshallen und dem Acquario di Genova wurden neue Attraktionen geschaffen, und die Kaimauern des mittelalterlichen Hafens freigelegt. Das historisch bedeutsamste Gebäude am Hafen ist der als Dogenresidenz errichtete **Palazzo di San Giorgio**, in dem seit 1407 die genuesische Staatsbank Banco di San Giorgio ihren Sitz hatte. Zu den weiteren Attraktionen gehören das Galata Museo del Mare sowie das Schiff »**Nettuno**«, das die Hauptrolle in Polanskis Film »Piraten« spielte und besichtigt werden kann.

Einen hervorragenden Rundblick über den Hafen bietet der Panoramaaufzug »Bigo«. Anschließend lohnt der Besuch der auf dem Wasser ruhenden Glaskuppel »**Biosfera**« (tgl. 10–19 Uhr, 5 €), in der exotische Gewächse sowie Chamäleons zu bewundern sind. Bei den **Magazzini del Cotone**, den ehemaligen Baumwollmagazinen, gibt es einen Erlebnispark für Kinder mit diversen Experimentiermöglichkeiten, und sogar ein Freibad mitten im Hafen darf nicht fehlen (Juni–Mitte Sept. tgl.

10–18 Uhr, 6 €, www.piscinaportoantico.it). Wer will, kann an einer Hafenrundfahrt teilnehmen und Genua vom Meer auf sich wirken lassen. Dabei kann man auch Genuas Wahrzeichen, den historischen **Leuchtturm** aus dem Jahr 1543 in Augenschein nehmen (70 Min., 6 €, www.liguriaviamare.it).

③ Palazzo Reale

Die Fassade des größten historischen Stadtpalastes von Genua weist eine imposante Breite von 100 m auf. Dahinter verbirgt sich ein seit dem 17. Jh. in mehreren Bauphasen entstandener Komplex, dessen Name daran erinnert, dass die Könige von Savoyen den Palazzo in den 20er-Jahren des 19. Jh. kurzzeitig bewohnten. In einem Teil des Palastes ist die Galleria di Palazzo Reale untergebracht. Gezeigt werden Gemälde von Veronese, Domenico Piola und Jacopo Bassano.

Via Balbi 10 | www.palazzorealegenova. it | Di, Mi 9–13.30, Do–So 9–19 Uhr | Eintritt 4 €

④ Panoramaaufzug »Bigo« 🚶

Der Hafen von Genua lässt sich aus einem ungewöhnlichen Blickwinkel in Augenschein nehmen. Nur 100 m vom bekannten Acquario entfernt, kann man mit dem einem Hafenkran nachempfundenen Aufzug die ligurische Metropole überblicken.

Porto Antico | Juni, Aug. 10–23, Sept.–Okt. tgl. 9–18 Uhr | Eintritt 4 €, Kinder 3 €

Righi ▶ Klappe hinten, nördl. c 1

Am nördlichen Stadtrand von Genua liegt der 302 m hohe Hügel Righi, der mit der Zahnradbahn (»funicolare«) leicht zu erreichen ist. An der 12 km

Mit dem Funicolare auf den Righi-Hügel

Wer den besten Blick auf Genua genießen will, fährt mit der Standseilbahn zum Vorort Righi hinauf. Erst geht es durch einen Tunnel, dann schwebt man über den Dächern der Stadt und genießt einen herrlichen Panoramablick (▶ S. 12).

langen Stadtmauer, die im 17. Jh. angelegt wurde, um Genua nach Norden hin gegen Angriffe zu sichern, kann man entlangwandern.

Abfahrt: Largo della Zecca

5 Santa Maria di Castello

Die auf dem Castello-Hügel stehende Marienkirche gehört zu den historisch und künstlerisch bedeutsamsten Sakralbauten der Stadt. Wahrscheinlich handelt es sich sogar um die älteste Kirche Genuas, denn sie wurde unter Verwendung römischer Säulen auf einem bereits in spätantiker Zeit befestigten Hügel errichtet. Nach einer kurzen Episode als Pfarrkirche gründete der Dominikanerorden 1442 hier ein Kloster, das insgesamt um drei Kreuzgänge erweitert wurde. Die Kirche selbst wurde von den Dominikanern unter anderem durch ein neues Kreuzrippengewölbe den zeitgenössischen Architekturvorstellungen angepasst. Durch die Sakristei gelangt man in den benachbarten Klosterkomplex. Eine Treppe führt zur Loggia dell'Annunciazione, die sich zu einem von insgesamt drei Kreuzgängen öffnet und vollkommen im Stil der Renaissance

Flankiert von marmornen Löwen und in Schwarz-Weiß gehalten: das säulenverzierte Eingangsportal des Genueser Doms San Lorenzo (▶ S. 59) im Zentrum der Stadt.

ausgemalt ist; herausragend ist das Verkündungsfresko von Justus von Ravensburg. Von einer weiteren, einen Stock höher gelegenen Loggia hat man einen schönen Blick in Richtung Hafen.
Tgl. 9–12 und 15.30–18 Uhr

6 Via Garibaldi

Die berühmte, im 16. Jh. angelegte Prachtstraße Genuas darf man nicht versäumen. Hinter strengen Fassaden verbergen sich idyllische, mit Fresken verzierte Innenhöfe, die an der Bergseite liegenden Paläste besitzen zumeist noch ausgedehnte Gartenanlagen. Anstelle des alteingesessenen Adels residieren in den opulenten Palästen heute größtenteils Bankgesellschaften – darunter auch das größte deutsche Bankhaus –, das Rathaus, die Handelskammer und die im Palazzo Bianco sowie im Palazzo Rossi untergebrachten Kunstmuseen. Zusammen mit der Via Balbi und der Via Cairoli gehört die Via Garibaldi als Strade Nuove zum Weltkulturerbe der UNESCO.

MUSEEN UND GALERIEN

2 Galata Museo del Mare

Genua verdankte seine Macht und seinen Reichtum in erster Linie seiner stolzen Flotte. Direkt am alten Hafen präsentiert das Meeresmuseum zahlreiche Facetten der christlichen Seefahrt. Neben Gemälden von Seeschlachten und Hafenansichten reicht das Spektrum vom Thema Schiffsbau über die Nachbildung einer Hafengasse des 19. Jh. bis zu den vornehmen Räumlichkeiten eines nostalgischen Luxusliners. Soziale Unterschiede zwischen den Offizieren und einfachen Seeleuten werden an den nachgebauten Unterkünften deutlich. Interessant ist auch die Abteilung zur Amerika-Emigration. Kinder können sich auf einem Simulator davon überzeugen, wie schwer der Seegang für die Seeleute bei einer Umrundung des Kap Horn an der Südspitze Südamerikas sein kann. Sehr eindrucksvoll ist auch die Darstellung zum Leben auf einer genuesischen Galeere sowie das U-Boot »S 518 Nazario Sauro«, das 2010 direkt vor dem Museum verankert wurde. Bei einer Besichtigung des 63,8 m langen Bootes lassen sich die beengten Lebens- und Arbeitsverhältnisse der Mannschaft wie auch der Offiziere eindrucksvoll nachempfinden.
Calata De Mari | www.galatamuseo delmare.it | März–Okt. Di–So 10–19.30, Nov.–Feb. Di–Fr 10–18, Sa, So 10–19.30 Uhr | Eintritt 12 €, Kinder 7 €

7 Galleria Nazionale di Palazzo Spinola

Die in einem alten Patrizierpalast untergebrachte Nationalgalerie zeigt Gemälde von Antonello da Messina, Peter Paul Rubens, Joos van Cleve und Anthonis van Dyck. Mindestens genauso sehenswert ist aber die Einrichtung des Palazzo: Das prächtige Interieur vermittelt einen hervorragenden Einblick in das Leben des reichen Genueser Adels im Barockzeitalter, die Räume sind mit Wandfresken und aufwendigem Stuck verziert, selbst eine Spiegelgalerie mit goldenem Stuckbesatz durfte nicht fehlen. Die begrünte Dachterrasse, die über eine Wendeltreppe zu erreichen ist, bietet einen tollen Blick auf die Stadt.
Piazza di Pellicceria 1 | Di–Sa 8.30–19.30, So 13.30–19.30 Uhr | Eintritt 4 €, Kinder 2 €

Nachbildung einer Schiffskabine im Galata Museo del Mare (▶ S. 62). Reiseaccessoires wie Kleidung, Koffer und Rasierzeug erinnern an die Zeit der großen Übersee-Passagierschiffe.

8 Palazzo Bianco

Der Barockpalast erhielt im frühen 18. Jh. nach einer Restaurierung seine »weiß« anmutende Fassade. Er beherbergt eine wertvolle Gemäldegalerie, größtenteils bestückt mit Werken aus der Genueser Schule, darunter Sacchi, Piola, Cambiaso, Strozzi und Magnasco. Hinzu kommen noch ligurische Maler, allen voran Ludovico Brea, sowie niederländische Meister wie Peter Paul Rubens und Anthonis van Dyck.
Via Garibaldi 11 | Di–Fr 9–19, Sa, So 10–19 Uhr | Eintritt 8 €, Kinder 6 € (mit Palazzo Rosso)

9 Palazzo Rosso

Die wohl bedeutendste Gemäldegalerie Genuas befindet sich ebenfalls in einem der stattlichen Adelspaläste, die die Via Garibaldi säumen, schräg gegenüber dem Palazzo Bianco. Der nach seiner roten Fassade benannte Palast widmet sich den großen europäischen Meistern. Zu seinem Fundus gehören Werke von Tizian, Veronese, Tintoretto, Caravaggio und Pisanello; herausragend ist Albrecht Dürers »Bildnis eines jungen Mannes vor grünem Hintergrund«. Lohnend ist ein Abstecher auf die Dachterrasse.

Via Garibaldi 18 | Di–Fr 9–19, Sa, So 10–
19 Uhr | Eintritt 8 €, Kinder 6 € (mit Palaz-
zo Bianco)

Im Kunstrausch durch die Via Garibaldi

Wer durch die Räume des Palazzo Rosso und des benachbarten Palazzo Bianco schlendert, verfällt in einen wahren Kunstrausch. Mit einem Kombiticket kann man zwanglos zwischen den beiden Museen hin- und herpendeln, und die Kunstwerke bewundern (▶ S. 12).

ÜBERNACHTEN

Cairoli

Mit sonniger Dachterrasse – Familiäre Pension im 3. Stock eines ansehnlichen Bürgerhauses mit altertümlichem Aufzug. Farbenfrohes Dekor.
Via Cairoli 14 | Tel. 0 10/2 46 15 24 | www.
hotelcairoligenova.com | 14 Zimmer |
€€

⑪ Metropoli

Zentrale Lage – Best-Western-Hotel in einem alten Stadtpalast am nördlichen Rand des historischen Zentrums. Der hohe Standard und der freundliche Service überzeugen seit Jahren. Weitere Vorzüge sind das reichhaltige Frühstücksbuffet und die zentrale Lage. Allerdings besitzt das Hotel keine Garage.
Piazza delle Fontane Marose | Tel. 0 10/
2 46 88 88 | www.hotelmetropoli.it |
48 Zimmer | ♿ | €€€

⑫ NH-Marina 🚩

Mit Schiffsflair – Direkt am alten Hafen von Genua und damit in unmittel-

barer Nähe zum Aquarium gelegen, bietet dieses Hotel modernen Komfort zu attraktiven Preisen. Fast alle Zimmer verfügen über einen Balkon. Das lang gestreckte, auf einer Mole ins Meer ragende Gebäude erinnert an einen Passagierdampfer. Im Sommer trifft man sich zum Frühstück (ausgezeichnetes Angebot) auf der Dachterrasse. Geparkt werden kann in der hoteleigenen Tiefgarage.
Molo Ponte Calvi 5 | Tel. 0 10/2 51 13 20 |
www.nh-hotels.com | 140 Zimmer | €€

⑬ Palazzo Cicala

Minimalistisches Design – Eine gelungene Kombination von Alt und Modern in einem stuckverzierten Altstadt-Palazzo, die jedem Hotel deutlich an Flair und Atmosphäre überlegen ist. Stimmungsvolles Treppenhaus. Es werden auch Appartements vermietet.
Piazza San Lorenzo 16 | Tel. 0 10/
2 51 88 24 | www.palazzocicala.it |
15 Zimmer | €€€

ESSEN UND TRINKEN

RESTAURANTS

⑭ Cantine Squarciafico

Stimmungsvoll – Gleich hinter dem Dom San Lorenzo befindet sich das Restaurant in einem ehemaligen Patrizierpalast. Man sitzt gemütlich in einem unterirdischen Gewölbe an einfachen Holztischen und lässt sich beispielsweise mit »stracci«, einer Art Lasagne, verwöhnen. Keine Reservierung möglich.
Piazza Invrea 3r | Tel. 0 10/2 47 08 23 |
www.cantinesquarciafico.it |
tgl. 12.30–14.30 und 19.30–23 Uhr | €€

⑮ Eataly ▶ S. 33

16 Pintori

Sardische Spezialitäten – Die Trattoria Pintori ist seit 1961 bei Einheimischen bekannt für ihre wohlfeile Küche. Da die Familie Pintori aus Sardinien stammt, gibt es viele traditionelle Gerichte der Mittelmeerinsel. Das schlichte, aber stilvolle Ambiente und der freundliche Service vervollständigen den positiven Gesamteindruck.

Via San Bernado 68r | Tel. 0 10/2 75 75 07 | www.pintori.net | Mo–Fr | €€

17 Trattoria delle Erbe

Bodenständige Küche – Einfache Trattoria mit typischem Vorstadtcharme und herrlicher Straßenterrasse. Als Spezialität des Hauses sind die »tagliatelle alle erbe« zu empfehlen.

🕐 Man sollte zum Abendessen hier einkehren, denn dann ist die Piazza delle Erbe besonders stimmungsvoll.

Piazza delle Erbe 8/10 | Tel. 03 47/0 88 32 94 | Mo–Fr, Sa, So außer mittags | €

CAFÉS

18 Antica Pasticceria Klainguti

Das 1828 von vier Schweizer Brüdern gegründete Traditionscafé ist für seine erlesene Konfiserie sowie Torten und Kuchen bekannt.

Piazza Soziglia 98r | Tel. 0 10/2 47 45 52 | So geschl.

19 La Cremeria delle Erbe

Es gibt Dutzende von Eisdielen in Genua, aber nirgendwo ist das Eis so cremig und lecker wie hier. Teilweise finden sich echte Nougatstücke in den Eissorten. Kein Wunder, dass sich im Sommer oft lange Schlangen bilden.

Vico delle Erbe 15–17r | Tel. 0 10/ 2 46 92 54

EINKAUFEN

20 Drogheria Torielli

Traditionsreicher Familienbetrieb, der Köstlichkeiten wie Pistazien aus Aleppo, hausgeröstete Nüsse sowie kandierte Früchte verkauft.

Via San Bernardo 32

21 Mercato Orientale

In Genuas größter Markthalle herrscht viel Trubel. Die Stände biegen sich unter dem üppigen Angebot, das von Fisch über Käse bis hin zu exotischen Gewürzen reicht.

Piazza Colombo | tgl. außer So | www.mercatoorientale.org

KULTUR UND UNTERHALTUNG

22 Teatro Carlo Felice

Der 1991 nach Plänen des Stararchitekten Aldo Rossi errichtete Musentempel bietet 2000 Zuschauern einen stilvollen Rahmen für Opernaufführungen.

Piazza de Ferrari | Tel. 0 10/5 38 13 04 | www.carlofelicegenova.it

SERVICE

AUSKUNFT

IAT ▶ **Klappe hinten, d 3**

Via Garibaldi 12r | Tel. 0 10/5 57 29 03 | tgl. 9–18.20 Uhr | www.visitgenoa.it

WELLNESS

Terme di Genova 🚩 **F 2**

Bereits seit 1830 werden die oberhalb der Stadt gelegenen Acquasanta Terme als Heilbad für Atemwegserkrankungen genutzt. Die unlängst umfangreich modernisierten Thermalanlagen bieten auf drei Etagen viel Komfort.

Via Acquasanta | Tel. 0 10/63 81 78 | www.termedigenova.it | tgl. 10–20, Sa und So bis 19 Uhr | Eintritt ab 20 €

Im Fokus
Genua: die ligurische Prinzessin

Liguriens Metropole war lange Zeit die Perle der italienischen Riviera. Dann folgte ein Niedergang, der in den letzten Jahrzehnten erfreulicherweise nicht nur aufgehalten, sondern in eine neue Blüte verwandelt werden konnte.

Die altehrwürdige »Goldene Stadt« besitzt die größte zusammenhängende Altstadt Europas. Sie spannt sich in einem weiten Bogen von dem Hügel, auf dem die ersten Ligurier siedelten, bis hinüber zum heutigen Hauptbahnhof. Im Laufe der Jahrhunderte ist ein urbanes Gebilde entstanden, dessen historische Substanz sich von Generation zu Generation immer mehr verdichtete, bis ein in Südeuropa konkurrenzlos gebliebenes Häusermeer entstand. Der Platz war kostbar, und so wuchs die Stadt vor allem nach oben. Mit ihren bis zu achtstöckigen Wohnhäusern war Genua das Manhattan des Mittelalters.

Noch bis in die frühen 1990er-Jahre war ein Spaziergang durch das historische Zentrum von Genua alles andere als ein Vergnügen. Autos bahnten sich hupend ihren Weg durch die engen Straßen und standen in der Via San Lorenzo vor dem Dom im täglichen Stau. Überquellende Abfallcontainer standen vor schwarzen, rußgeschwärzten Fassaden, Prostituierte

◄ Aus der Kapsel des Panoramaaufzugs Bigo
(► S. 60) genießt man einen schönen Blick.

warteten in den dunklen Gassen auf Freier und Junkies auf den nächsten Schuss. Schilder forderten dazu auf, Kinder an der Hand zu führen, und wenn einer schlafend in einem Hauseingang lag, wusste man nicht, ob es sich um einen Drogentoten oder einen Obdachlosen handelte.

VERFALL UND NIEDERGANG

Selbst alteingesessene Genueser vermieden es, die »Kasbah« zu betreten, und auch um das Hafenviertel mit seinem Dreck und Gestank machte man lieber einen großen Bogen. Tourismus spielte wie in Marseille und Neapel nur eine untergeordnete Rolle. Die öffentlichen Plätze waren seltsam unbespielt, die Reichen verbargen sich in ihren Palazzi, die Armen und farbigen Einwanderer versteckten sich in ihren heruntergekommenen Wohnhöhlen. Die Arbeitslosigkeit und die Kleinkriminalität waren hoch und der weitere Verfall der Stadt schien vorprogrammiert. Zudem drohte der wirtschaftliche Infarkt: Traditionelle Wirtschaftszweige wie die Werften und die Stahlindustrie waren technisch veraltet, die Aufträge gingen zurück, da die asiatische Konkurrenz nicht nur billigere Preise, sondern auch oft bessere Qualität zu bieten hatte. Der Niedergang schien unaufhaltsam, die Depression war mit den Händen zu greifen. Und für viele ausländische Reisende war Genua nicht viel mehr als ein Fährhafen, den man nutzte, um möglichst schnell von hier weg und ans eigentliche Ziel der Reise zu gelangen.

ERSTER AUFSCHWUNG IM KOLUMBUSJAHR

Erst als sich 1992 das Kolumbusjahr näherte, begann ein weitreichendes Umdenken, und mit einem gigantischen Kraftaufwand gelang es den Stadtvätern, Genuas Altstadt neues Leben einzuhauchen. Zahlreiche Anstrengungen wurden unternommen, um im Jubiläumsjahr zeitgleich die Weltausstellung auszurichten. Dank ihrem berühmtesten Sohn, dem Seefahrer Cristoforo Colombo, stand Genua erstmals seit Jahrhunderten wieder im Fokus der Öffentlichkeit.

Die Altstadt wurde entrümpelt, der Verkehr aus dem Zentrum verbannt. Behutsam wurden die alten Paläste restauriert und die Fassaden verputzt. Im Mittelpunkt der Planungen stand der Umbau des Porto Antico, für den der aus Genua stammende Stararchitekt Renzo Piano verpflichtet wurde. Piano verwandelte den alten Hafen grundlegend, plante neue Museen und eine Bibliothek, ließ historische Gebäude wie die 400 m langen und vier Stockwerke hohen ehemaligen Baumwollmagazine (Magazzini del Cotone) restaurieren und in ein Kongresszentrum umbauen. Hinzu kam die Città dei Bambini, eine faszinierende »Kinderstadt«, sowie der an einen Lastkahn erinnernde Panoramaaufzug Bigo, der spektakuläre Blicke auf den Hafen ermöglicht. Optischer Glanzpunkt war ein riesiges Aquarium, das direkt auf einer Hafenmole errichtet wurde.

Doch das hehre Projekt drohte zu scheitern. Umgerechnet 375 Mio. Euro wurden investiert, aber die Besucherzahlen blieben weit hinter den hochgesteckten Erwartungen zurück. Die Stadt konnte die finanziellen Anforderungen kaum stemmen, selbst das Geld, um die Haifische im Aquarium zu füttern, wurde knapp. Leider verpuffte auch der erhoffte Imagegewinn schneller als erwartet.

G8-GIPFEL UND KULTURHAUPTSTADT

Als nächstes Großereignis stand dann 2001 die prestigeträchtige Ausrichtung des G8-Gipfels an. Der italienische Ministerpräsident Silvio Berlusconi hatte zum Treffen in Genua geladen. Als Tagungsort der Staats- und Regierungschefs diente der zentral gelegene Palazzo Ducale. Da bei den Demonstrationen ein Mensch ums Leben kam, endete der Gipfel zwar in einem medialen Desaster, doch konnten die finanziellen Mittel für weitere Restaurierungsarbeiten in der Altstadt genutzt werden, zudem stand das nächste Großereignis vor der Tür: Genua durfte sich mit dem Titel »Europäische Kulturhauptstadt 2004« schmücken! Erneut wurde viel Geld in die Hand genommen, um weitere Teile der Altstadt zu sanieren und zu verschönern. Die Prachtstraße Via Garibaldi mit den Monumentalpalästen und die angrenzende, ebenso imposante Via Balbi wurden umgestaltet und in eine Fußgängerzone verwandelt. Die jahrzehntelangen Bemühungen hatten Erfolg: 2006 erklärte die UNESCO Genuas Altstadt mit ihren prachtvollen Barockstraßen zum Weltkulturerbe. Dieser Ritterschlag bewirkte einen weiteren Imagegewinn, der auch mit einer Zunahme der Tourismuszahlen einherging. Immer mehr Kreuzfahrtschiffe machten in Genua Station.

Auch die Altstadt wandelte sich zu einem beliebten Wohnquartier, Häuser wurden renoviert, hier und da wurden ein paar moderne Cafés und Boutiquen eröffnet. Das Bürgertum kehrte allmählich in die Altstadt zurück. Selbst die lang gestreckte Via di Pre mit ihren engen, schmuddeligen Seitengassen, in denen ewige Dämmerung herrscht, hat ihren zweifelhaften Ruf verloren. Glücklicherweise ist Genua aber immer noch eine Stadt voller Kontraste geblieben, denn eine Gentrifizierung und Luxussanierung hat nicht stattgefunden. Es gibt sie immer noch, die duftenden Garküchen und Farinata-Lokale sowie die kleinen Läden für den alltäglichen Bedarf und die Fischstände in den Bogengängen. Die Altstadtgassen sind so eng wie eh und je, aber sie sonnen sich in einem milden Glanz.

DAS MEER WIEDERENTDECKEN

Genua hatte dem Meer lange Zeit den Rücken zugewandt. Der Hafen und alles, was aus dem Meer kam, galten als unfein. Die vornehmen Familien pflegten in ihren Adelspalästen einen feudalen Lebensstil und erachteten Fisch für ein Arme-Leute-Essen. Bis vor zwei Jahrzehnten verhinderten Zäune, Sperrgitter und Zollschranken den freien Zugang zum Hafen. Die Altstadt war regelrecht zwischen den Bergen und dem Hafen eingeschlossen, sodass die engen Straßenfluchten keine Öffnungen mehr fanden. Zudem wurde die Verbindung zum Hafen durch die lärmende, parallel zur Uferfront verlaufende Hochstraße Sopraelevata Aldo Moro geräuschvoll zerrissen. Niemand wäre auf die Idee gekommen, am Abend oder am Sonntagnachmittag am Hafen entlangzupromenieren.

Erst durch die gelungene Stadterneuerung öffnete sich Genua wieder dem Meer. Erfolgreich ist es den Stadtplanern gelungen, das alte Hafengelände, den Porto Antico, wiederzubeleben. Neben Industrie und Handel ist der Tourismus längst zum dritten Standbein geworden. Das Aquarium ist mit mehr als 1,5 Mio. Besuchern die drittwichtigste Touristenattraktion des Landes, nur die Vatikanischen Museen und die Ruinen von Pompeji ziehen alljährlich mehr Menschen an.

DER HAFEN GLÄNZT

Wer in den Abendstunden zusammen mit den Genuesen an den historischen Hafenanlagen entlangspaziert, der nimmt befriedigt zur Kenntnis, dass der Porto Antico wieder zum lebendigen Sammelbecken geworden ist. Im Gegensatz zu Florenz oder Venedig war Genua eine Stadt ohne zentrale Piazza. Durch die Umgestaltung des Hafens erhielt Genua endlich einen lichtdurchfluteten Freiplatz für Veranstaltungen sowie Konzerte, und im Winter lockt sogar eine künstliche Eislaufbahn. In den Sommermonaten stehen große Festzelte an den Kais, und die Molen sind zu Flaniermeilen geworden. Jugendliche skaten, es wird geplauscht, man geht in eines der Cafés und lässt sich einfach von der unbeschwerten Stimmung anstecken. Die »Königin der Meere«, wie Petrarca die ligurische Metropole genannt hat, feiert allabendlich ihre grandiose Wiedergeburt.

GOLFO DELLA SPEZIA

Der tief eingeschnittene Golf von La Spezia ist einer der größten und sichersten Naturhäfen des Mittelmeers, Napoleon sprach gar vom »schönsten Hafen der Welt«. Kein Wunder also, dass sich hier Dichter von der Schönheit der Umgebung gerne inspirieren ließen.

Der Golf von La Spezia und sein Hinterland haben in touristischer Hinsicht viel zu bieten: Idyllische Küstenstädtchen wie Portovenere und Lerici laden zum Flanieren ein, während die römischen Ruinen von Luni zum Pflichtprogramm der Liebhaber des klassischen Altertums gehören. Im Hinterland ragen die im Winter schneebedeckten Gipfel der Apuanischen Alpen auf, die allerdings bereits zur Toskana gehören.
La Spezia ist glücklicherweise mehr als eine langweilige Marine- und Handelsstadt, für einen längeren Urlaub empfiehlt sich aber eher das am westlichen Zipfel des Golfes gelegene Portovenere mit seinen hochgestapelten Häusern und zahlreichen Bademöglichkeiten. Mit dem Boot oder zu Fuß kann man auch schnell einen Ausflug in die benachbarten Cinque Terre unternehmen. Einsam ist es auch auf den drei kleinen, in der Bucht von La Spezia gelegenen Felseninseln Palmaria, Tino und Tineto, deren

◄ Wandgräber auf dem Friedhof von Portovenere am Golf von La Spezia (► S. 70).

Strände durchaus das Prädikat »traumhaft« verdienen. Häufig wird die von zwei parallel verlaufenden Bergrücken eingeschlossene Bucht als Golfo dei Poeti (»Golf der Dichter«) bezeichnet. Zu Beginn des 19. Jh. lebten hier die englischen Dichter Lord Byron, John Keats, Mary und ihr Ehemann Percy B. Shelley. Percy B. Shelley, der in der Villa Magni in San Terenzo wohnte, musste seine Liebe zum Mittelmeer gar mit dem Leben bezahlen: Auf einer Fahrt über das Meer kenterte er mit seinem Boot und ertrank vor der ligurischen Küste. Später kamen dann noch Virginia Woolf und D. H. Lawrence und festigten den Ruf der Dichterbucht. Heute zeichnen sich die im östlichsten Teil Liguriens gelegenen Badeorte durch eine vornehme Klientel aus, versprechen sie doch exklusive Ferienfreuden jenseits des Massentourismus.

LA SPEZIA

↘ M 4

110 000 Einwohner
Stadtplan ► S. 73

La Spezia, die zweitgrößte Stadt Liguriens, ist in erster Linie eine Hafen- und Industriestadt, deren wirtschaftlicher Aufstieg begann, als der erste italienische Ministerpräsident Camillo Benso di Cavour den Ort zum Kriegshafen der italienischen Marine ausbauen ließ. Aus touristischer Sicht ist La Spezia allerdings weniger interessant: Im Zentrum lassen sich kaum historische Bauten ausmachen, da die gesamte Stadt durch die Bombardements des Zweiten Weltkriegs heftig in Mitleidenschaft gezogen worden war. Einen Besuch lohnen jedoch das über der Stadt thronende Castello San Giorgio, das städtische Museum und das Museo Amedeo Lia, das aus der Sammeltätigkeit des Industriellen hervorgegangen ist.

SEHENSWERTES

❶ Castello di San Giorgio

Die hoch über der Stadt errichtete Burg wurde in der Mitte des 13. Jh. auf Betreiben von Niccolò dei Fieschi errichtet, doch bereits 1273 von den Truppen der Republik Genua zerstört und anschließend wieder aufgebaut. Um den Ansprüchen des modernen Festungsbaus gerecht zu werden, erfolgte zu Beginn des 17. Jh. ein vollständiger Umbau mit keilförmigen Bastionen und Kasematten. Die Mühe des Aufstiegs zur Burg wird mit einem schönen Panoramablick über den Golf von La Spezia belohnt.

Museo del Castello di San Giorgio: Via XXVII Marzo | http://museodel castello.spezianet.it | Sommer Mo 9.30–12.30, Mi–So 9.30–12.30 und 17–20, Winter Mo 9.30–12.30, Mi–So 9.30–12.30 und 14–17 Uhr | Eintritt 5,50 €, Kinder 4 €

MUSEEN UND GALERIEN

❷ CAMeC

Das Zentrum für moderne und zeitgenössische Kunst erweitert die ligurische Museumspalette wohltuend. Untergebracht im ehemaligen Justizpalast werden neben einer hochkarätigen Dauerausstellung mit italienischer Kunst sowie Werken internationaler Künstler (Calder, Soto, Burri etc.) immer wieder ansprechende Wechselausstellungen präsentiert.

Piazza Cesare Battisti 1 | http://camec.spezianet.it | Di– Sa 10–13 und 15–19, Sa 11–19 Uhr | Eintritt 6 €, erm. 4 €

❸ Museo Amedeo Lia

Das Museum ist aus einer privaten Stiftung hervorgegangen. In den Räumen eines ehemaligen Klosters werden wertvolle Handschriften, Skulpturen, Tafelbilder und Gemälde präsentiert.

Via del Prione 234 | http://mal.spezianet.it | Di–So 10–18 Uhr | Eintritt 7 €, Kinder 4,50 €

❹ Museo del Sigillo

Im Städtischen Museum wurden zahlreiche archäologische und ethnografische Exponate zusammengetragen. Berühmt sind vor allem die frühgeschichtlichen Statuenstelen aus der Lunigiana; diese aus Sandstein gearbeiteten Skulpturen dienten wahrscheinlich einst als Grenzmarkierungen.

Via del Prione 236 | Mi, Do 16–19 (Sommer 17–20), Fr–So 10–12 und 16–19 Uhr (Sommer 17–20 Uhr) | Eintritt 3,50 €, Kinder 2,50 €

❺ Museo Tecnico Navale

Das im Marinearsenal untergebrachte Schifffahrtsmuseum besitzt eine große Sammlung von Schiffsmodellen, Ankern, Navigationsgeräten, Seekarten sowie skurrilen Gallionsfiguren.

Viale Amendola 1 | tgl. 8–19.30 Uhr | Eintritt 1,55 €

ÜBERNACHTEN

❻ Firenze e Continentale

Stilvoll – Jüngst renoviertes Hotel in unmittelbarer Nähe zum Bahnhof. Elegant eingerichtete Zimmer und Suiten.

Via Paleocapa 7 | Tel. 01 87/71 32 00 | www.hotelfirenzecontinentale.it | 68 Zimmer | ♿ | €€€

ESSEN UND TRINKEN

❼ All'inferno ► S. 33

❽ Antica Trattoria Sevieri

Hervorragende Pasta – In unmittelbarer Nähe der Markthallen gelegen, bietet das traditionsreiche Restaurant eine leichte sommerliche Küche. Ausgezeichnet schmecken die schwarzen Nudeln (»taglioni neri«) mit Scampi und grünen Spargelköpfen.

Via Canonica 13 | Tel. 01 87/75 17 76 | www.anticatrattoriasevieri.com | Mo–Sa 12–15.30 und 18–24 Uhr | €€

❾ Ristorante da Dino

Gute Weinauswahl – Klassische italienische Küche zu keineswegs überteuerten Preisen. Auf der Karte sind hauptsächlich Fischgerichte zu finden.

Via Cadorna 18 | Tel. 01 87/73 50 04 | www.dino-veve.com | €€

SERVICE

AUSKUNFT

IAT ► S. 73, c 3

Viale Italia 5 | Tel. 01 87/77 09 00 | www.turismoprovincia.laspezia.it

Genova, Firenze, Parma, Lerici

La Spezia

© MERIAN-Kartographie

300 m

Ziele in der Umgebung

◎ **LERICI** 🏖 **M 4**

12 000 Einwohner

Eine malerische Altstadt, beherrscht von einem mächtigen Kastell, sowie ein

Sporthafen und ein feinsandiger, sich bis nach San Terenzo erstreckender Strand zeichnen den lebhaften Küstenort Lerici aus. Die auf einem Felssporn klebende Burganlage war ursprünglich von den Pisanern errichtet worden, doch die Genuesen eroberten Lerici und bauten das Kastell im 13. Jh. verändert wieder auf. Im Zuge des Umbaus entstand auch die im gotischen Stil errichtete Burgkapelle Sant'Anastasio. Eine Besichtigung des Kastells ist derzeit allerdings nicht möglich.

Lohnend ist eine Fahrt auf der Panoramastraße von Lerici über Montemarcello nach Ameglia. Die fantastische Aussicht reicht anfangs über die Bucht von La Spezia bis hinüber nach Portovenere. Von **Ameglia**, einem pittoresken mittelalterlichen Bergdorf, kann man über das gesamte Magratal bis zu den Gipfeln der Apuanischen Alpen blicken, wo der berühmte Carrara-Marmor gebrochen wird.

8 km südöstl. von La Spezia

MUSEEN UND GALERIEN

Museo Geopaleontologico 🚩

In der restaurierten Burg von Lerici wurde ein paläontologisches Museum eingerichtet, das sich der erdgeschichtlichen Vergangenheit Liguriens widmet. Ein Innenhof mit Dinosauriernachbildungen und eine Erdbebensimulationsplatte, die den Betrachter spielerisch das Fürchten lehrt, begeistern die Museumsbesucher.

www.castellodilerici.it | Di–So 10.30–17, im Juli und Aug. Di–So 10.30–13.30 und 17–21 Uhr | Eintritt 6 €, erm. 4 €

ÜBERNACHTEN

Shelley & Delle Palme

Strandhotel – Modernes, komfortables Hotel an der Promenade. Anerkannt gutes Restaurant.

Via Biaggini 5 | Tel. 01 87/96 82 04 | www.hotelshelley.it | 51 Zimmer | €€

SERVICE
AUSKUNFT
IAT
Via Biaggini 6 | Tel. 01 87/96 73 46 | www.comune.lerici.sp.it

◎ LUNI 3   🏴 M 4

Die Ruinen von Luni, einst eine bedeutende römische Hafenstadt, markieren die östliche Grenze Liguriens. Das 177 v. Chr. von dem Prokonsul Claudius Marcellus gegründete Städtchen profitierte vor allem von den nahen Marmorbrüchen, da der begehrte Carrara-Marmor von Luni aus in die gesamte römische Welt verschifft wurde. Der weitläufige Grundriss und die Grundmauern repräsentativer Wohnbauten erinnern noch an den einstigen Wohlstand, in dem sich die Stadt auch nach dem Ende des Römischen Reiches zu sonnen wusste.

Im Mittelalter verlandete der Hafen allmählich – Luni liegt heute mehr als 2 km von der Küste entfernt –, woraufhin die Stadt zunehmend an Bedeutung verlor. Durch das Versumpfen der Magramündung mehrten sich außerdem die Malariaerkrankungen, sodass Innozenz III. 1204 den Bischofssitz in das nahe Sarzana verlegte. Das einst so stolze Luni verwandelte sich danach innerhalb kürzester Zeit in eine Geisterstadt und verfiel.

Erst 1837 begannen die ersten Ausgrabungen der römischen Stadt. Heute ist ein großer Teil des antiken Luni freigelegt. Das Ausgrabungsgebiet ist zweifelsohne die interessanteste antike Sehenswürdigkeit der Region. Besonders hervorzuheben ist das Amphitheater, ein ovaler Bruchsteinbau, der einst 6000 Zuschauer fasste. Die bei den

Ausgrabungen gemachten Funde (Münzen, Altäre, Keramik, Schmuck etc.) werden im Museo Archeologico Nazionale ausgestellt (Via Luni 37, Di–So 8.30–19.30 Uhr, Eintritt 2 €).

15 km östl. von La Spezia

◎ PORTOVENERE ⚓ M 4
4700 Einwohner

Der von den Römern gegründete Hafenort »Veneris Portus« (Hafen der Venus) liegt auf einer weit vorspringenden Halbinsel, die den Golf von La Spezia nach Westen hin abschließt. Aufgrund der exponierten Lage eignete sich der Ort hervorragend, um den Seehandel im Golf von La Spezia zu kontrollieren. Dies erkannten auch die Genueser, die Portovenere im 12. Jh. in ihren Besitz gebracht hatten: Die Stadt diente ihnen jahrhundertelang als östlicher Vorposten ihrer Macht. Die malerische Altstadt ist weitgehend verkehrsfrei. Der Hafenkai wird von schmalen, bis zu siebenstöckigen Häusern mit bunten Fassaden gesäumt, dahinter ziehen sich die Häuser bis zu einer genuesischen Festungsanlage empor. Durch ein turmflankiertes Stadttor gelangt man in die Via Capellini, die von stattlichen gotischen Häusern gesäumt wird und sich als eine Art Hauptstraße quer durch die Altstadt von Portovenere bis zur Kirche San Pietro hinzieht.

6 km südl. von La Spezia

SEHENSWERTES
Castello Doria

Zur Sicherung von Portovenere errichteten die Genuesen, die die strategisch günstige Lage des Ortes früh erkannt hatten, über dem Ortskern eine mächtige Burganlage, die 1453 zerstört und später den Anforderungen des modernen Festungsbauwesens gemäß verändert wurde. Schöner Panoramablick!

Tgl. 11–14 und 15.30–19 Uhr | Eintritt 3 €

San Lorenzo

Die direkt unterhalb des Castello gelegene romanische Säulenbasilika stammt aus dem frühen 12. Jh., Teile der Fassade und das Hauptportal stammen aus der Gotik, die Kuppel und der Glockenturm sind im Renaissancestil errichtet.

San Pietro

Die sehr malerisch auf einem Felsvorsprung gelegene Kirche wurde bereits im 6. Jh. auf den Grundmauern eines römischen Venustempels errichtet. Das heute noch erhaltene Gotteshaus mit seiner auffallend schwarz-weißen Fassade stammt allerdings in großen Teilen aus gotischer Zeit.

ÜBERNACHTEN
Belvedere

Aussichtsreich – Die Zimmer des Jugendstilhotels bieten einen herrlichen Panoramablick auf den Hafen.

Via G. Garibaldi 26 | Tel. 01 87/79 06 08 | www.belvedereportovenere.it | 17 Zimmer | €€€

Della Baia

Stilvoll – Reizender Palazzo mit großem Pool in Le Grazie, von den meisten Zimmern hat man einen herrlichen Blick über die Bucht. Im Restaurant wird eine anspruchsvolle mediterrane Küche serviert.

Via Lungomare 111 | Tel. 01 87/79 07 97 | www.baiahotel.com | 34 Zimmer | €€

ESSEN UND TRINKEN

Da Iseo

Für Genießer – Mit Blick auf den Hafen werden ausgesuchte Gaumenfreuden serviert. Ein Leckerbissen sind die gegrillten Fische.

Calata Doria 9 | Tel. 01 87/79 06 10 | Feb.–Nov. Do–Di | €€€

Le Bocche

Gourmettempel – Das am Ende des Hafenkais gelegene Restaurant von Pasquale Maietta gehört zu den besten Adressen zwischen Genua und La Spezia. Ausgezeichnete Fischküche, vorzügliches Weinangebot.

Calata Doria 102 | Tel. 01 87/79 06 22 | www.lebocche.it | Mi–Mo | €€€€

EINKAUFEN

Olioteca Bansigo ▶ S. 40

SERVICE

AUSKUNFT

IAT

Piazza Bastreri 7 | Tel. 01 87/70 96 91 | www.portovenere.it, www.proloco portovenere.it

VERKEHR

Ausflugsboote steuern in der Saison die Insel Palmaria an sowie La Spezia, Lerici und die Orte der Cinque Terre. Zudem besteht ein regelmäßiger Busverkehr mit La Spezia.

www.navigazionegolfodeipoeti.it

◎ **SARZANA** **M 4**

20 000 Einwohner

Sarzana wurde im 10. Jh. zum Schutz vor den wiederholten Überfällen der Sarazenen – daher stammt auch der Ortsname – im sicheren Landesinne-

ren gegründet. Die fruchtbare Magraebene versorgte die Bevölkerung mit Obst und Gemüse. Doch erst ab 1204, als Sarzana anstelle von Luni zum Bischofssitz erhoben wurde, entwickelte sich die Stadt zu einem wichtigen regionalen Handelszentrum. Die Nähe zur Toskana hat sich auch in der Architektur niedergeschlagen. So wurde nicht nur häufig Carrara-Marmor als Baumaterial verwendet, auch stammt beispielsweise ein großer Teil der Ausstattung des Duomo di Santa Maria Assunta von toskanischen Künstlern.

Als Hauptflaniermeile dient der lang gestreckte Viale Mazzini, an dem die wichtigsten Sehenswürdigkeiten liegen. Ruhe und Entspannung findet man auf der begrünten Piazza Matteotti, die von mittelalterlichen Laubengängen eingerahmt wird.

10 km östl. von La Spezia

SEHENSWERTES

Castello di Sarzanello

Das hoch über Sarzana thronende Kastell erhielt seine heutige Form Ende des 15. Jh. durch Florentiner Militärarchitekten. Die mächtige Burganlage ist umgeben von einem Trockengraben. Ungewöhnlich ist der rautenförmige Grundriss der Anlage, die durch einen Zwischengraben nochmals in eine dreieckige Hauptburg und eine vorgelagerte Bastion getrennt wird.

Okt.–Juli tgl. 10.30–12.30 und 16–18, Aug., Sept. tgl. 17–19.30 Uhr | Eintritt 3,50 €

ESSEN UND TRINKEN

Bugliani

Pizzaparadies – Vermeintlich eine einfache Pizzeria am Ortsrand, aber Riccardo und seine Frau Laura sind in der ganzen Stadt für ihre leckeren Pizzen und Focacce bekannt.

Viale XXV Aprile 7 | Tel. 01 87/62 00 81 | www.bugliani.it | Do–Di ab 16 Uhr | €

⊚ TELLARO ◢ M 4
1200 Einwohner

Eine Stichstraße führt von Lerici zum 4 km entfernten Tellaro, einem kleinen, herausgeputzten Fischerdorf. Die schmalen Treppengassen schlängeln sich zu einem Minihafen hinunter; ein auf einem Felsen direkt am Meer stehendes Kirchlein vervollständigt die Postkartenidylle. Da viele Häuser des Ortes nur als Feriendomizile dienen, ist außerhalb der Saison mit wenigen Besuchern zu rechnen. Vom Ort führt ein Weg zu einer kleinen Bucht mit einem schönen Sandstrand.

10 km östl. von La Spezia

⊚ VEZZANO ◢ M 4
6500 Einwohner

Das hoch über der Magraebene gelegene Vezzano ist ein pittoreskes Städtchen, das mit seinen verschachtelten Treppengassen noch viel mittelalterliche Atmosphäre ausstrahlt und den Besuchern die Ursprünglichkeit des italienischen Lebens vor Augen führt. Genau genommen besteht Vezzano aus zwei getrennten Ortsteilen: **Vezzano Inferiore** und dem etwas erhöht gelegenen **Vezzano Superiore**. Daher gibt es auch zwei Pfarrkirchen, die beide im Barockstil errichtet worden sind. Besonders lauschig ist die Piazza Castello in Vezzano Inferiore. Von diesem Platz genießt man einen weiten Blick bis nach Sarzana und hinüber zu den Apuanischen Alpen.

12 km nordöstl. von La Spezia

Bunte, verschachtelte Häuser kennzeichnen das Ortsbild von Tellaro (▶ S. 77). Das Fischerdorf war in vorchristlicher Zeit ein wichtiger Umschlagplatz griechischer Handelsschiffe.

CINQUE TERRE

Mit ihren bunten Fischerbooten, den dicht gestaffelten Häusern, Torbögen und steilen Treppenwegen erscheinen Riomaggiore, Manarola, Corniglia, Vernazza und Monterosso al Mare wie fünf Dörfer aus dem Bilderbuch.

Wegen ihrer einzigartigen landschaftlichen Schönheit gehören die Cinque Terre seit mehr als zwei Jahrzehnten zum Pflichtprogramm eines Ligurienaufenthaltes. Im Hochsommer empfiehlt es sich jedoch fast, auf einen Cinque-Terre-Abstecher zu verzichten, da sich der nur wenige Kilometer lange Küstenabschnitt dann vollkommen in touristischer Hand befindet, die Wanderwege und Strände sind übervölkert, die Hotels bis auf das letzte Bett ausgebucht. Eine ideale Reisezeit sind das Frühjahr und der Herbst, wer allerdings Einsamkeit und Ruhe sucht, muss in dieser beliebten Urlaubsregion mit den Wintermonaten vorliebnehmen.

Genau besehen handelt es sich bei den Cinque Terre um eine künstliche Landschaft: Über Jahrhunderte wurden die steilen Hänge in Terrassenfelder verwandelt. Mörtellose Steinmauern wurden aufgeschichtet und Erde herangekarrt, damit Olivenbäume und Weinreben Halt finden können.

◄ Abends lagern die Fischerboote in den
engen Gassen von Manarola (▶ S. 80).

Die Cinque Terre waren stets ein
armer Landstrich, die Häfen sind
zu klein, um sich intensiv dem
Handel und Fischfang zu widmen,
das Bestellen der steilen Terrassenfelder zu mühsam, um mit der Landwirtschaft Gewinne zu erzielen. Als die bis dato nur mit dem Schiff oder
auf Saumpfaden erreichbaren Dörfer Ende des vorletzten Jahrhunderts
an das Eisenbahnnetz angeschlossen wurden, entvölkerten sich die Cinque Terre zunehmend, die Bauern suchten in La Spezia Arbeit, Felder
lagen brach. Noch vor ein paar Jahrzehnten waren zahlreiche Terrassen
eingebrochen. Erst als der Staat den Weinbau subventionierte, um diese
einzigartige Kulturlandschaft zu erhalten, konnte dem endgültigen Verfall Einhalt geboten werden. Die Cinque-Terre-Region wurde zum Naturpark erklärt und gehört seit 1997 zum Weltkulturerbe der UNESCO.

UNESCO-GEKÜRTE KÜSTENDÖRFER

Ursprünglich siedelten die Bewohner der Cinque Terre aus Angst vor Sarazenenüberfällen nicht direkt am Meer, sondern in den leichter zu verteidigenden Bergen. Als keine Sarazenenübergriffe mehr zu befürchten
waren, entstanden die heutigen Dörfer an der Küste. Die einstigen, durch
den Wegzug nicht mehr benötigten Dorfkirchen verwandelte man kurzerhand in Wallfahrtskirchen. Jedes der fünf Cinque-Terre-Dörfer verfügt seither über eine hoch über dem Meer gelegene Wallfahrtskirche, zu
der lohnende, aber anstrengende Aufstiege führen.

CORNIGLIA ⚐ L 4
750 Einwohner

Corniglia unterscheidet sich von den
übrigen Dörfern der Cinque Terre allein durch seine Lage: Es hat keinen
direkten Zugang zum Meer, sondern
erstreckt sich auf einem wuchtigen
Felsvorsprung in rund 100 m Höhe
über dem Meer. Vom Bahnhof aus windet sich eine nicht enden wollende
Treppe in Serpentinen zum Ortskern
hinauf. Eine lang gezogene Hauptgasse,
die Via Fieschi, durchquert den ganzen
Ort und endet als Panoramaterrasse
mit fantastischem Meerblick.
Besonders einladend präsentiert sich
der kleine Dorfplatz, auf dem spätabends nur noch die Einheimischen
und einige wenige Übernachtungsgäste – in Corniglia gibt es kein Hotel,
nur Privatzimmer – zusammensitzen.
Insgesamt erinnert die Atmosphäre

mehr an ein Bauern- als an ein Fischerdorf. Von kunsthistorischem Interesse
ist die gotische Pfarrkirche San Pietro
am Ortseingang, die eine elegante Strei-
fenfassade mit Fensterrose aus Carrara-
Marmor sowie ein weitgehend baro-
ckes Inventar besitzt. Oberhalb von
Corniglia befindet sich in der Siedlung
San Bernardino die Wallfahrtskirche
Nostra Signora delle Grazie.

Sonnenuntergang in Corniglia

Am Abend, wenn der große Besucheransturm vorbei ist, kehrt in
Corniglia Ruhe ein, und auf der
Panoramaterrasse wird die untergehende Sonne zu einem eindrucksvollen Erlebnis (▶ S. 13).

ÜBERNACHTEN

Il Carugio

Mitten im Dorf – Diese Handvoll Zimmer und Appartements gehört zu den
wenigen Übernachtungsmöglichkeiten
im Dorf. Von der herrlichen Dachterrasse genießt man einen schönen Blick.
Tel. 01 87/81 22 93 | www.ilcarugiodi
corniglia.com | 9 Zimmer | €€

ESSEN UND TRINKEN

Cantina de Mananan

Bodenständige Küche – Die stimmungsvolle Osteria ist in einem kleinen Palazzo untergebracht. Einfache
Tische sind vor offenem Mauerwerk
gedeckt, vor allem im Winter findet
sich ländliche Kost auf der Karte.
Via Fieschi 117 | Tel. 01 87/82 11 66 |
Dez.–Okt. Mi–Mo 12.30–14.30 und
19.30–21.30 Uhr | €€

SERVICE

STRÄNDE

Corniglia besitzt zwei Strände: Unterhalb des Ortes beim Bahnhof erstreckt
sich neben den Gleisen der Spiaggione
di Corniglia und westlich des Ortes die
Spiaggia di Guvano, eine wenig be-
suchte, schwer zugängliche Kiesbucht.

MANAROLA   L4
800 Einwohner

In Manarola stapeln sich bunte mehr-
stöckige Fischerhäuser auf zwei Fel-
senklippen bis hinunter zum Meer.
Noch vor wenigen Jahrzehnten wurden
die beiden Ortshälften von dem Flüsschen Groppo geteilt, erst dann wurde
das Flussbett abgedeckt und die elf
Brücken durch die heutige Hauptstraße ersetzt. Die verwinkelten Treppen-
gässchen des Ortes wirken wie ein
kunstvolles Labyrinth. Für eine Piazza
allerdings blieb nicht genug Raum,
eine moderne Betonplattform über
dem Meer schafft einen gewissen Ersatz. Einen richtigen Hafen hat die Natur in Manarola ebenfalls nicht vorge-
sehen, sodass die Boote mittels Winden
und Rampen ins Wasser gelassen werden. Oberhalb von Manarola liegt in
dem Dorf Valostra die Wallfahrtskirche Nostra Signora della Salute.

SEHENSWERTES

San Lorenzo

Die Pfarrkirche von Manarola mit dem
auffälligen, frei stehenden Glockenturm – ein ehemaliger Wachturm –
stammt aus dem 14. Jh. Eine große
Marmorrosette und ein gotisches
Spitzbogenportal dienen als Blickfang
der Schaufassade, die Ausstattung der
Kirche ist größtenteils barock.

ÜBERNACHTEN

Ca' d'Andrean

Mit Garten – Modernes, freundliches Hotel, oberhalb des Ortskerns gelegen. Die Zimmer sind hell und funktional eingerichtet, und im Sommer kann man idyllisch im Garten unter Zitronenbäumen frühstücken.

Via A. Discovolo 101 | Tel. 01 87/92 00 40 | www.cadandrean.it | 10 Zimmer | €€

EINKAUFEN

Cantina Cinque Terre ▶ S. 41

MONTEROSSO AL MARE

🌿 L 4

1750 Einwohner

Der größte Ort der Cinque Terre ist weitläufiger als die benachbarten Dörfer. Verteilt auf zwei Buchten und zwei Ortsteile strahlt es zwar nicht den Charme eines typischen Dorfes der Cinque Terre aus, dennoch hat Monterosso al Mare seine Vorzüge. Für einen längeren Aufenthalt empfiehlt sich der Ort wegen seines großen Unterkunftsangebots und der zwei schönen Strände, die in der Saison allerdings fest in der Hand von »stabilimenti balneari« sind. Die lang gestreckte Uferpromenade bietet Gelegenheit zu einem ausgedehnten Abendspaziergang. Die Altstadt, die durch die Eisenbahntrasse vom Meer getrennt ist, gefällt mit ihren bunten, arkadengesäumten Häusern und der großen Piazza, an die die Loggia del Podestà und die Pfarrkirche San Giovanni Battista grenzen. Westlich des alten Dorfes, neben dem Bahnhof, entstand vor hundert Jahren die Villensiedlung Fegina, mit deren Bau die touristische Entdeckung der Cinque Terre ihren Anfang nahm. Kein Geringerer als der Literaturnobelpreisträger Eugenio Montale hat in Fegina einen großen Teil seiner Jugend verbracht. 465 m hoch über dem Meer steht die Wallfahrtskirche Madonna di Soviore mit zugehöriger Trattoria, die von Monterosso al Mare über einen Wanderweg zu erreichen ist.

SEHENSWERTES

San Francesco

Über dem Ort, auf dem San-Cristoforo-Hügel, wurde im Jahr 1623 das Kapuzinerkloster San Francesco geweiht. Wer den kurzen, aber recht anstrengenden Aufstieg hinter sich gebracht hat, kann in der Klosterkirche mehrere Barockgemälde besichtigen, darunter auch eine »Kreuzigung« des flämischen Malers und Rubens-Zeitgenossen Anthonis van Dyck.

San Giovanni Battista

Die älteste Pfarrkirche der Cinque Terre stammt aus dem 13. und 14. Jh. und ist ein schönes Beispiel ligurischer Gotik. Die Kirche wurde aus weißem Marmor und grünem Serpentin errichtet, die Nordfassade wird von einer fein gearbeiteten Rosette geschmückt. Der Glockenturm diente den Genuesen lange Zeit als Wachturm.

ÜBERNACHTEN

Margherita

Im alten Ortskern – Hinter der gelbroten Fassade des Hotels verbergen sich großzügige Zimmer mit modernem Komfort, die meisten von ihnen verfügen über Balkon oder Terrasse.

Via Roma 72 | Tel. 01 87/81 76 99 | www.hotelmonterosso.it | Dez.–Mitte März geschl. | 31 Zimmer | €€

Dass Ciak, Besitzer des Restaurants La Lampara (▶ S. 82) in Monterosso al Mare, viele Jahre als Schiffskoch gearbeitet hat, bis er sein Lokal eröffnete, ist auch am Türschild erkennbar.

Porto Roca

Bestes Hotel in den Cinque Terre – Wegen seiner traumhaften Lage über dem Meer gilt das Porto Roca als das schönste Hotel der Cinque Terre. Buchen Sie ein Zimmer mit Meerblick, der Aufpreis lohnt sich allemal!

Via Corone 1 | Tel. 01 87/81 75 02 | www. portoroca.it | 43 Zimmer | €€€€

ESSEN UND TRINKEN
RESTAURANTS
La Lampara (Ciak)

Hervorragende Fischküche – Seit Jahrzehnten ist dieses Lokal für seine Fischspezialitäten bekannt, egal ob gegrillt oder als leckerer »risotto alla marinara«. Schöne Straßenterrasse.

Piazza Don Minzoni 6 | Tel. 01 87/ 81 70 14 | www.ristoranteciak.it | Dez.–Okt. Do–Di 12.30–14.30 und 19.30– 22.30 Uhr | €€

BARS
Bar Centrale

Kaffee und mehr – Die Bar am Dorfplatz ist der beliebte Treffpunkt von Einheimischen und Fremden.

Via Garibaldi 10 | Tel. 01 87/81 76 90 | tgl. 11–23 Uhr

Enoteca da Eliseo

The Place to be – Stimmungsvolles Ambiente, süffige Weine und leckere Snacks – was will man mehr? Egal, ob zum Aperitif oder zum Absacker, dies ist stets der richtige Ort.

Piazza Giacomo Matteotti | Tel. 01 87/ 81 73 08 | tgl. 11–23 Uhr

Bootsfahrt

Bei der zwei Stunden währenden Bootsfahrt zwischen Levanto und Portovenere zeigt sich die einzigartige Terrassenlandschaft der Cinque-Terre-Dörfer (▶ S. 13).

SERVICE

AUSKUNFT
Pro Loco
Via del Molo | Tel. 01 87/81 70 59 |
www.prolocomonterosso.it

RIOMAGGIORE L 4

1000 Einwohner

Mit seinen schmalen, mehrstöckigen Häusern vermittelt das westlich von La Spezia gelegene Riomaggiore einen ersten Eindruck von der typischen Architektur der Cinque-Terre-Dörfer. Die scheinbar planlos durcheinandergewürfelten Häuser mit ihren bunt leuchtenden Fassaden strahlen einen ästhetischen Reiz aus, dem sich der Betrachter nur schwer entziehen kann. Direkt von der Hauptstraße zweigt ein kaum überschaubares Gassengewirr ab, das sich wie ein Netz aus Treppen, Galerien und Torbögen die beiden Hänge hinaufzieht.

Riomaggiore dürfte der älteste Ort der Cinque Terre sein. Der Legende nach soll es im 8. Jh. von Griechen gegründet worden sein, die vor den Verfolgungen des byzantinischen Kaisers Leo III. nach Italien geflüchtet waren. Schriftlich überliefert ist hingegen, dass Riomaggiore wie die anderen Cinque-Terre-Dörfer dem mächtigen Geschlecht der Fieschi gehörte – die Fieschi sahen mit Innozenz IV. einen der Ihren sogar zu Papstwürden aufsteigen –, bevor der Ort 1276 in den Besitz der Republik Genua gelangte. Berühmt geworden ist Riomaggiore durch den Florentiner Maler Telemaco Signorini (1835–1901), der mehrere Sommer in dem Ort verbrachte und mit seinen impressionistischen Ansichten Riomaggiore und den anderen Cinque-Terre-Dörfern zu einer ersten, größeren Bekanntheit verhalf. Der von Riomaggiore nach Manarola führende Uferweg mit dem poetischen Namen Via dell'Amore ist seit einem Erdrutsch auf unbestimmte Zeit geschlossen. Auf einem Hügel oberhalb von Riomaggiore liegt die Wallfahrtskirche Madonna di Montenero.

SEHENSWERTES

San Giovanni Battista

Die Pfarrkirche von Riomaggiore stammt aus der Mitte des 14. Jh. Nachdem die Kirche teilweise eingestürzt war, wurde die Fassade 1871 im neugotischen Stil wiederaufgebaut, einzig die Fensterrose blieb vom Vorgängerbau erhalten. Sehenswert ist die mit Marmorreliefs verzierte Kanzel von 1530.

ÜBERNACHTEN

Villa Argentina

Gepflegtes Ambiente – Kleines, halbwegs modernes Hotel im oberen Ortsteil mit Panoramablick. Zum leckeren Frühstück werden den Gästen sogar Bioprodukte serviert.

Via De Gasperi 37 | Tel. 01 87/92 02 13 | www.villargentina.com | 15 Zimmer | €€

ESSEN UND TRINKEN

La Lanterna

Fangfrisch auf den Tisch – Freundliche, kleine Trattoria, die sich durch eine gute Fischküche auszeichnet. Lecker ist auch der Meeresfrüchte-Risotto.

Via S. Giacomo 46 | Tel. 01 87/92 05 89 | www.lalanterna.org | Dez.–Okt. Mi–Mo | €€

VERNAZZA

800 Einwohner

Dank seines malerischen Hafens und den farbenfrohen Häuserfassaden wird Vernazza – der Ortsname leitet sich wahrscheinlich vom Vernaccia-Wein ab – als schönster unter den Orten der Cinque Terre gehandelt. Von einem runden Wachturm geschützt, drängen sich die Häuser in einer kleinen Senke bis ans Meer hinunter. Stimmungsvoller Höhepunkt dieses architektonischen Gesamtkunstwerks ist die belebte, kleine Hafenpiazza mit ihren farbenfrohen Fischerbooten, Laubengängen und Restaurants. Doch die permanente Raumnot ist augenscheinlich: Der Platz ist knapp, so knapp, dass die Fischerboote in den Gassen gestapelt werden müssen und der Zug mit der Mehrzahl seiner Waggons im Tunnel halten muss. Dennoch scheint sich niemand an dieser Enge zu stören: Der kleine Ort verströmt selbst im Hochsommer mediterrane Behaglichkeit. Vom Bahnhof aus erstreckt sich die von kleinen Geschäften, Lebensmittel-läden und Restaurants gesäumte »Hauptstraße« bis zum Hafen, der von der Pfarrkirche Santa Margherita di Antiochia und dem quadratischen Stumpf eines Sarazenenturmes eingerahmt wird. Auf einem schönen Wanderweg erreicht man nach einem kurzen Anstieg die sehenswerte Wallfahrtskirche Nostra Signora di Reggio. Sie stammt aus dem 11. Jh.

SEHENSWERTES

Santa Margherita di Antiochia

Der Eingang zur romanischen Pfarrkirche befindet sich wegen der räumlichen Enge ungewöhnlicherweise in der Apsis. Zum düsteren dreischiffigen Innenraum führen mehrere Stufen. Beachten Sie den Barockaltar, ein Überbleibsel der Barockisierung der Kirche, die in den 1960er-Jahren wieder rückgängig gemacht wurde. Charakteristisch sind auch der trapezförmige Grundriss sowie der achteckige, 40 m hohe Glockenturm.

ÜBERNACHTEN

Sorriso

Familiärer Touch – Kleine, angenehme Pension in Bahnhofsnähe, sodass der Zugverkehr störend sein kann.

Via Gavino 4 | Tel. 01 87/81 22 24 | www.pensionesorriso.com | 19 Zimmer | €€

ESSEN UND TRINKEN

Il Baretto

Erstklassige Pasta – Kleiner Familienbetrieb mit freundlichem Service und leckerer hausgemachter Pasta. Zudem hat man von der schönen Straßenterrasse das gesamte Ortsleben im Blick.

Via Roma 29/31 | Tel. 01 87/81 23 81 | www.il-baretto.it | tgl. 8–24 Uhr | €€

Betrachtet man das pittoreske Vernazza (▶ S. 84) aus der Vogelperspektive, wird die Enge des Dörfchens erkennbar, das sich mit dem Rücken zum Meer an einen kleinen Hafen schmiegt.

Trattoria Gianni Franzi

Malerisch – Es gibt wohl kaum einen schöneren Platz, um in den Cinque Terre zu speisen, als auf der Piazzeta von Vernazza. Bei schlechtem Wetter sitzt man im alten Gewölbe. Die Küche hält, was das Ambiente verspricht. Piazza G. Marconi 5 | Tel. 01 87/82 10 03 | www.giannifranzi.it | Jan.–März Do–Di | €€€

AKTIVITÄTEN

5 Terre Swimming L 4

Das Meer bei den Cinque-Terre-Dörfern besitzt eine ausgezeichnete Was-serqualität. Statt einfach nur ein wenig im Wasser zu planschen, kann man jetzt auch an einem Langstrecken-Schwimmwettbewerb teilnehmen, so an der 3 km langen Mezzo Fondo di Vernazza (1. So im Sep., 15 €, kostenlos ist die Kurzstrecke über 600 m) oder an dem Distanzschwimmen von Vernazza nach Monterosso al Mare (2,5 km, 10 €). Für durchtrainierte Schwimmer eignet sich dieser Event hervorragend, um die Cinque-Terre-Region einmal vom Wasser aus zu erleben. Tel. 03 93/539 89 10 | http://5terre swimming.it

RIVIERA DI LEVANTE

Eine schroffe Steilküste und mondäne Ferienorte sind charakteristisch für die Riviera di Levante. Bunte Häuserfronten zeichnen die malerisch am Meer liegenden kleineren Küstenorte aus, die sich ihr ursprüngliches Erscheinungsbild zumeist bewahren konnten.

Die Riviera di Levante, zu der genau genommen auch die Cinque Terre gehören, reicht von La Spezia bis zur rund 100 km entfernten ligurischen Metropole Genua. Die Riviera di Levante ist eine eher herbe Region, statt anmutig geschwungener Hügel bestimmen überwiegend schroffe Felsen das Landschaftsbild. Die Berge treten zumeist so nah an das Meer heran, dass mancherorts nicht einmal genug Platz für einen kleinen Strand oder Fischerhafen bleibt. Bekannt ist der Küstenstreifen vor allem für seine mondänen Ferienorte wie Santa Margherita Ligure oder Rapallo, die allesamt über moderne Jachthäfen verfügen – aber auch das verspielte Sestri Levante sonnt sich in der Gunst der Touristen. Wer ein wenig Jetset-Leben schnuppern will, fährt nach Portofino – das einstige Fischerdorf besitzt aber nicht nur den mit Abstand größten Glamourfaktor Liguriens, sondern auch das höchste Preisniveau.

◄ Der Strand von Camogli (► S. 88) wird von der Kirche S. Maria Assunta begrenzt.

Riviera delle Palme
Genua
Riviera di Levante
Cinque Terre
Golfo della Spezia
Riviera dei Fiori

Beliebt ist ein abendlicher Spaziergang über die Promenade der Küstenorte, am berühmtesten ist die Passeggiata Anita Garibaldi, die kilometerlang über die Klippenlandschaft von Nervi führt. Wer ein Faible für idyllische Orte hegt, sollte unbedingt das Kloster San Fruttuoso auf der Halbinsel von Portofino besuchen. Das ehemalige Benediktinerkloster liegt in einer verträumten Bucht, umrahmt von einer üppigen mediterranen Vegetation und ist nur zu Fuß oder mit dem Ausflugsschiff zu erreichen. Zu den schönsten Orten im Hinterland der Riviera di Levante zählt sicherlich Varese Ligure, dessen mittelalterliches Zentrum als kreisförmiger Borgo Rotondo entstand. Das gebirgige Hinterland verlockt zu mehrstündigen Wanderungen. Sportliche Naturen können auch Canyoning-Touren durch die Flüsse unternehmen.

CHIAVARI
J3

29 000 Einwohner

Die Altstadt von Chiavari gehört zu den schönsten historischen Stadtkernen der Riviera di Levante. Wer dies allerdings nicht weiß und auf der Küstenstraße unterwegs ist, wird angesichts der monotonen Häuserfassaden wohl kaum auf den Gedanken kommen, hier einen Zwischenstopp einzulegen. Nur wenige Hundert Meter von der Küste entfernt erstreckt sich zwischen der Piazza Matteotti und dem Viale Enrico Milo ein wahres Netz mittelalterlicher Laubengänge. Die rechtwinkligen Gassen folgen übrigens noch dem römischen Straßenverlauf. In den Arkadengängen finden sich edle Boutiquen und stimmungsvolle Restaurants genauso wie einfache Tante-Emma-Läden. Besonders schön ist auch der Gemüsemarkt auf der kleinen Piazza Mazzini. Ein weiteres Plus des Städtchens: Touristen sind im historischen Zentrum eher selten, was daran liegen mag, dass der Stadtstrand von Chiavari wenig einladend ist.

SEHENSWERTES

Palazzo Rocca

Der stattliche Stadtpalast, den sich die Adelsfamilie Costaguta 1629 von dem Architekten Bartolomeo Bianco errichten ließ, beherbergt eine Pinacoteca (Sa und So 10–12 und 16–19 Uhr), die nicht so sehr aufgrund ihrer Gemälde der genuesischen Malerschule einen Besuch wert ist, sondern der stilvoll eingerichteten Räumlichkeiten wegen. Das im Erdgeschoss eines Seitenflügels untergebrachte Museo Archeologico (Di–Sa 9–13.30 Uhr, jeden zweiten und vierten So 9–13.30 Uhr) zeigt Funde aus vorrömischer Zeit. Oberhalb des Palastes schließt sich ein schöner, für Besucher frei zugänglicher Park an.

Piazza Matteotti | Di–Sa 9–13.30 Uhr

ÜBERNACHTEN

Dell'Orto

Zentral – Das günstig gelegene Stadthotel, das auch über ein Restaurant verfügt, ist in einem alten Palazzo neben der Kathedrale Nostra Signora dell'Orto untergebracht.

Piazza dell'Orto 3 | Tel. 01 85/32 23 56 | www.albergoorto.it | 21 Zimmer | €€

ESSEN UND TRINKEN

Osteria Da Vittorio

Traditionelle Gaumenfreuden – In der Altstadt von Chiavari lässt es sich unter den altehrwürdigen Laubengängen königlich tafeln, ohne dass die Reisekasse allzu sehr belastet wird. Die Osteria Da Vittorio ist in der ganzen Stadt für ihre erstklassige bodenständige Küche bekannt. Besonders empfehlenswert sind die mit Spinat gefüllten »canelloni al forno« und der delikat gewürzte Schwertfisch. Das Angebot an Gerichten wechselt täglich.

Via Bighetti 33 | Tel. 01 85/30 50 93 | Fr–Mi 12–14 und 19–22 Uhr | €

Osteria Luchin

Bodenständig – Die Ursprünge dieser Osteria reichen bis ins Jahr 1903 zurück. Die Räumlichkeiten sind stilvoll, die Küche gibt sich anspruchsvoll. Vorzüglich ist das in Oliven geschmorte Kaninchen. Als Spezialität gilt die »torta farinata«, die auch zum Mitnehmen am Tresen verkauft wird.

Via Bighetti 51 | Tel. 01 85/30 10 63 | http://luchin.it | Mo–Sa 12–14 und 19–22 Uhr | €

EINKAUFEN

Pasticceria Copello

Im Jahr 1826 von Pietro Podestà gegründet, rühmt sich die Pasticceria Copello, die älteste Liguriens zu sein. Unbedingt versuchen sollte man den selbst gemachten »torrone« und die berühmten »dolcezze di Chiavari«. Sehenswert auch die Einrichtung des Ladens im Liberty-Stil aus dem Jahr 1911.

Via Martiri della Liberazione 162 | Tel. 01 85/30 98 37 | www.copello.net

SERVICE

AUSKUNFT

IAT

Corso Assarotti 1 | Tel. 01 85/32 51 98

Ziele in der Umgebung

◎ CAMOGLI ⚑ H 3

6000 Einwohner

Das traditionsreiche Seefahrerstädtchen besticht vor allem durch sein markantes Stadtbild: Rund um den zum Golfo Paradiso blickenden Strand ragen die mittelalterlichen Häuser turmhoch empor. Aus Platzmangel errichteten die Bewohner von Camogli eine imposante Hafenkulisse mit Häusern, die bis zu sieben Stockwerke hoch sind. Bis in das 19. Jh. hinein unterhielt Camogli eine der größten Handels- und Kriegsflotten des Mittelmeers. Im Laufe der Jahrhunderte liefen in den ortsansässigen Werften weit mehr als 2500 Segelschiffe vom Stapel!

25 km westl. von Chiavari

SERVICE

VERKEHR

Regelmäßig verkehren Fährschiffe zum Kloster San Fruttuoso und den Orten Portofino und Rapallo.

◉ LEVANTO ⚑ L4

5800 Einwohner

Das in einem breiten Talkessel gelegene Levanto gehört zu den beliebtesten Urlaubsorten an der Riviera di Levante. Dies liegt zum einen an dem lang gestreckten Strand sowie an der Nähe zu den Cinque-Terre-Dörfern, die vom Bahnhof in wenigen Minuten zu erreichen sind. Da Levanto der erste größere Ort westlich der Cinque Terre ist und eine vergleichsweise große Bettenkapazität aufweist, nehmen viele Reisende hier Quartier, um die Region zu erkunden. Vom Meer ist Levanto allerdings durch eine alte Eisenbahntrasse abgeschirmt. Im Ort selbst stehen noch einige mittelalterliche Bauwerke, darunter ein Uhrturm, die mit Arkaden gegliederte Loggia del Comune an der Piazza del Popolo und die gotische Pfarrkirche Sant'Andrea mit ihrer typischen, schwarz-weiß gegliederten Fassade. Das über Levanto emporragende Castello stammt aus dem 16. Jh. und ist kunsthistorisch wenig bedeutend. Lohnend ist die zweieinhalb Stunden dauernde Wanderung nach Monterosso al Mare, die nicht so stark frequentiert ist wie es die Touren zwischen den Cinque-Terre-Dörfern sind.

30 km östl. von Chiavari

Radfahren auf der Eisenbahntrasse 5

Radtouren können im heißen, ligurischen Sommer schnell zur Qual werden. Wie ein Geschenk des Himmels mutet da die stillgelegte Eisenbahntrasse an, die Levanto mit Framura verbindet (▶ S. 13).

SEHENSWERTES

Sant'Andrea

Die frühgotische Säulenbasilika von Levanto gilt dank ihrer grün-weiß gebänderten Marmorfassade als eine der schönsten Kirchen Liguriens. Die Baumeister der Kirche orientierten sich stark an bekannten Genueser Vorbildern. Die hübsche Rosette und der Glockenturm wurden später behutsam hinzugefügt, ohne den Gesamteindruck zu verändern.

ÜBERNACHTEN

La Giada del Mesco

Abseits vom Trubel – Allein der traumhafte Meeresblick von der Terrasse begeistert. Das Hotel liegt hoch über der Küste direkt am Wanderweg von Levanto nach Monterosso, ist aber auch mit dem Auto zu erreichen.

Via Panoramico del Mesco 16 | Tel. 0187/80 26 74 | www.lagiadadelmesco.it | 12 Zimmer | €€€

Nazionale

Mit Dachterrasse – Das traditionsreiche Ferienhotel ist mit angenehmem Komfort ausgestattet und verfügt über einen schönen Garten.

Via Jacopo da Levanto 20 | Tel. 0187/80 81 02 | www.nazionale.it | 38 Zimmer | €€

Park Hotel Argento

Makellos modern – Der ansprechende Neubau an einem Hang über dem Ort ist eine der besten Adressen von Levanto. Nicht nur die großzügigen Zimmer (fast alle mit Balkon oder Terrasse), auch das stets zuvorkommende Personal sorgen dafür, dass man sich hier richtig wohlfühlt. Ein panorama-

reicher Swimmingpool, eine Sauna sowie ein Restaurant stehen den Gästen zur Verfügung. Zum Bahnhof sind es nur wenige Gehminuten. Mit Garage.
Via Sant'Anna | Tel. 01 87/80 12 23 | www.parkhotelargento.com | 47 Zimmer | €€€

Stella Maris

Mit Patina – Die Zimmer dieses in einem prachtvollen Stadtpalast untergebrachten Hotels begeistern mit ihrem Freskenschmuck und dem antiquarischen Mobiliar.
Via Marconi 4 | Tel. 01 87/80 82 58 | www.hotelstellamaris.it | 8 Zimmer | €€€

ESSEN UND TRINKEN

RESTAURANTS
Focacceria Il Falcone ▶ S. 33

Osteria Tumelin

Alteingesessen – Die Osteria ist das mit Abstand beste Restaurant im Ort, die gegrillten Fischgerichte wie auch die Beilagen sind mehr als delikat. Daher ist es in der Saison ratsam, rechtzeitig einen Platz auf der großen Terrasse zu reservieren.
Via D. Grillo 32 | Tel. 01 87/80 83 79 | www.tumelin.it | Fr–Mi 12–14.30 und 19–24 Uhr | €€

CAFÉS
Pasticceria Bianchi

Süßes Paradies – Die altertümliche Konditorei mit ihrem schönen Mosaikfußboden ist stadtbekannt für ihre leckeren Törtchen und das köstliche süße Gebäck. Ideal für einen Espresso oder auch, um hier wie die Italiener zum Frühstücken zu kommen.

Via Vinzoni 33 | Tel. 01 87/80 81 83 | tgl. 7.30–20 Uhr

BARS
Bar Nadia

Direkt am Strand – Die auf Holzstelzen errichtete Bar Nadia in Levanto ist den ganzen Tag über gut besucht. Egal, ob auf ein Häppchen zum Mittag, einen Espresso oder eine Limonade zwischendurch – hier ist man richtig.
Spiaggia di Levanto | tgl. 9–22 Uhr

Sundowner in der Strandbar Nadia

Wenn sich der Strand von Levanto leert, kann man auf der Terrasse der Bar Nadia bei einem Drink beobachten, wie die untergehende Sonne die ganze Bucht in ein herrliches Licht taucht (▶ S. 14).

SERVICE

AUSKUNFT
IAT
Piazza Mazzini 1 | Tel. 01 87/80 81 25 | www.comune.levanto.sp.it

BOOTSAUSFLÜGE
Von April bis Okt. zweimal täglich (10 und 14.30 Uhr) fahren Boote zu den Cinque-Terre-Orten und weiter nach Portovenere.
www.navigazionegolfodeipoeti.it

 **MONEGLIA** K 3
2700 Einwohner
Das sympathische Moneglia liegt abseits der Touristenströme und gehört daher zu den ruhigsten Badeorten an der Riviera di Levante. Da sich Auto-

fahrer wegen der langen Wartezeiten an den Ampeln vor den einspurigen Tunnels der Küstenstraße bis zu 20 Minuten gedulden müssen, bleibt das römische Monilia vom Durchgangsverkehr verschont. Wer sich zu einem Besuch entschließt, kann hier recht beschauliche Tage verbringen. Aufgrund seines schönen Sandstrands und der hervorragenden Wasserqualität eignet sich Moneglia auch für einen längeren Badeurlaub. Der Ort wird aber auch gerne als Ausgangspunkt für einen Wanderurlaub gewählt.

18 km östl. von Chiavari

◎ PORTOFINO ⚑ J3
500 Einwohner

Portofino »ist einer der schönsten Plätze an dieser Küste – vorsichtig ausgedrückt: denn wahrscheinlich ist es wirklich der allerschönste«. Dieser Lobeshymne von Klaus und Erika Mann kann man zweifellos auch heute noch zustimmen. Allerdings lässt sich ein weiterer Superlativ hinzufügen: Portofino ist mit Sicherheit auch einer der teuersten Plätze an der ligurischen Riviera, wenn nicht der teuerste … Spätestens seit den Zeiten, als Errol Flynn hier mit seiner Luxusjacht »Zecca« vor Anker ging und sich Humphrey Bogart mit Lauren Bacall im Hotel Splendide amüsierte, gilt das ehemalige Fischernest als »in«. Hoteliers und Restaurantbesitzer verstehen es, dies in einem überdurchschnittlichen Preisniveau widerzuspiegeln. Von Portofinos Beliebtheit in Jetset-Kreisen profitieren auch die Normalsterblichen: Nirgendwo sonst in Ligurien lässt sich das allabendliche Spektakel des Sehens und

Beliebt bei Wanderern ist das ruhig gelegene Moneglia (▶ S. 90), da es sich als Ausgangspunkt für verschiedene Touren eignet. Ein schöner Strand lädt allerdings auch zum Baden ein.

Gesehenwerdens besser miterleben als in den Cafés und Restaurants entlang der Mole und auf der Piazzetta von Portofino. Wer es ruhiger liebt, sollte lieber ausgedehnte Streifzüge durch die mediterrane Vegetation des Parco Naturale Monte di Portofino unternehmen. Landschaftlich besonders reizvoll ist eine Wanderung von Portofino zum Kloster San Fruttuoso. Die Anfahrt nach Portofino mit dem Auto ist nicht unproblematisch, da das malerische Küstendorf nur über eine Stichstraße zu erreichen ist. In Paraggi, 2 km vor Portofino, kann man an einer elektronischen Anzeigetafel ablesen, wie lange man noch im Stau stehen und auf einen Platz im sündhaft teuren Parkhaus von Portofino warten muss. Daher empfiehlt es sich, von Santa Margherita Ligure oder Rapallo aus den Bus oder ein Ausflugsboot zu nehmen.

15 km westl. von Chiavari

SEHENSWERTES
Castello di San Giorgio

Vom Hafen aus führt ein Treppenweg in zehn Minuten hinauf zum Castello di San Giorgio. Die Burg, die sich der deutsche Sektbaron Alfons von Mumm zur Gartenvilla umbauen ließ, befindet sich leider in keinem guten Zustand, dafür entschädigt der traumhafte Blick vom Garten der Burg hinunter auf den Hafen von Portofino.

www.castellobrown.com | April–Sept. Mi–Mo 10–18, Okt.–März Mi–Mo 10– 17 Uhr | Eintritt 3 €

ESSEN UND TRINKEN
Lo Stella

Treffpunkt der Schickeria – Empfehlenswertes Restaurant in exponierter Lage am Hafenkai. Während die Boote im Meer dümpeln, kann man sich an mit Fisch gefüllten Ravioli oder an der Spezialität des Hauses, Curryreis mit Scampi, laben.

Molo Umberto 1 | Tel. 01 85/26 90 07 | www.lostellaristorante.com | Do–Di | €€€

SERVICE
AUSKUNFT
IAT
Via Roma 35 | Tel. 01 85/26 90 24

 **RAPALLO** J 2/3
28 000 Einwohner

Das wohl bekannteste Seebad der Riviera di Levante liegt an einer tief eingeschnittenen Bucht, deren geschützte Lage bereits die ligurischen Tigullier zu schätzen wussten. Seinen internationalen Ruf verdankt Rapallo aber der sogenannten Konferenz von Rapallo, bei der Deutschland und die Sowjetunion am 16. April 1922 in der Villa Spinola einen Vertrag unterzeichneten, in welchem die beiden Länder gegenseitig auf den Ersatz von Kriegskosten verzichteten und die diplomatischen Beziehungen erneuerten. In den 1920er-Jahren war Rapallo nicht nur bei der hohen Politik, sondern auch in Intellektuellenkreisen beliebter Küstenort: Neben Gerhart Hauptmann, Franz Werfel und Fritz von Unruh verbrachte hier auch der amerikanische Lyriker Ezra Pound unbeschwerte Ferientage. An der palmengesäumten Uferpromenade Lungomare Vittorio Veneto, die sich von der Mündung des Flüsschens Boate bis zu einem kleinen Castello erstreckt, künden noch mehrere repräsentative Bauten von Rapallos Glanzzeit. Den Anforderungen des modernen Tourismus kam die Stadt mit dem Bau eines neuen Jachthafens und eines 18-Loch-Golfplatzes entgegen.

10 km westl. von Chiavari

SERVICE

AUSKUNFT

IAT

Lung. Vittorio Veneto | Tel. 01 85/23 03 46

 **SAN FRUTTUOSO** H3

Wenn ein Ort in Ligurien das Attribut »idyllisch« verdient, dann das in einer kleinen, tief eingeschnittenen Bucht gelegene Kloster San Fruttuoso. Vollkommen abgeschieden, nur vom Meer aus oder durch einen zweistündigen Fußmarsch zu erreichen, könnte die Abtei mit ihren gotischen Fenstern und dem grazilen Wachturm jederzeit als Hollywoodkulisse für ein mittelalterliches Klostermelodram dienen. San Fruttuoso ist in der Hochsaison so stark mit Touristen überfüllt, dass das Baden am malerischen Felsstrand vor dem Kloster keine große Freude bereitet; die Besitzer der wenigen Restaurants und Trattorien freuen sich hingegen über den Besucheransturm. Wer es beschaulicher mag, sollte im Frühjahr oder Herbst hierherkommen. Der Legende zufolge gründete der spanische Bischof Prosperus 713 das Benediktinerkloster, nachdem er die Iberische Halbinsel mit den Gebeinen des hl. Fructuosus auf der Flucht vor den maurischen Eroberern verlassen hatte. Doch auch im vermeintlich sicheren Ligurien war den Mönchen keine Ruhe vergönnt: 984 wurde das Kloster von

Vom Wachturm des Klosters San Fruttuoso (▶ S. 93) hat man das Meer und eventuelle Angreifer fest im Blick, wobei heute nur noch Touristen im Sommer den beschaulichen Ort belagern.

Sarazenen zerstört. Aber schon bald erfolgte der glanzvolle Wiederaufbau der Abtei, die später in die Abhängigkeit der Genueser Familie Doria geriet. Zum Schutz des Klosters ließ Andrea Doria 1550 einen Wehrturm, die Torre dei Doria, errichten.

www.sanfruttuoso.eu | Juni–Sept. 10–18, März, April, Mai, Okt. Di–So 10–16 Uhr | Eintritt 7 €, Kinder 4,50 €

20 km westl. von Chiavari

◎ SANTA MARGHERITA LIGURE

🏖 J3

11 000 Einwohner

Rapallos Nachbargemeinde war lange Zeit ein verträumtes Fischerdörfchen. Erst gegen Ende des 19. Jh. verwandelte sich Santa Margherita Ligure in einen mondänen Ferienort mit traumhaften Luxushotels wie dem Imperiale oder dem Miramare. Dank der Nähe zu Portofino liegt über der Strandpromenade und dem Jachthafen noch heute ein nobler Touch. Nicht auslassen sollte man einen Spaziergang zu der auf einem Hügel über dem Meer gelegenen Villa Durazzo Centurione. Sie ist von einem gepflegten öffentlichen Park umgeben, von dem aus sich ein schöner Blick auf den »Golfo del Tigullio« – der Name erinnert noch an die einst hier siedelnden Tigullier – bietet.

15 km westl. von Chiavari

ÜBERNACHTEN

Grand Hotel Miramare ▶ S. 24

SERVICE

AUSKUNFT

APT

Via XXV Aprile 2b | Tel. 01 85/28 74 85

In der für die Jahrhundertwende typischen Architektur und umgeben von einem schönen Park präsentiert sich das Grand Hotel Miramare (▶ S. 24) in Santa Margherita Ligure.

◎ SESTRI LEVANTE   K3

20 000 Einwohner

Fraglos zählt Sestri Levante zu den stimmungsvollsten Badeorten Liguriens. Die Altstadt erstreckt sich auf einem schmalen Isthmus, der das Festland mit der malerischen Isola verbindet. Wie der Name andeutet, war das kleine Vorgebirge ursprünglich eine Insel. Erst im Spätmittelalter verlandete der Kanal zwischen der Isola und dem Festland. Zum Pflichtprogramm gehört ein Spaziergang über die Isola mit ihrem großen Park und der romanischen Basilika San Nicolè. Traumhaft sind auch die beiden Stadtstrände an der nach Norden blickenden Baia delle Favole (»Märchenbucht«) und der kleineren, nach Süden hin geöffneten Baia del Silenzio (»Bucht des Schweigens«) mit hellem, feinem Sand. Die Lebensader des Ortes Sestri Levante ist die Via XXV Aprile, eine von farbenfrohen Stadthäusern eingerahmte quirlige Ladengasse mit Bars und Vinotheken, die den Corso Colombo mit der Piazza Matteotti verbindet. An der Piazza Matteotti steht auch die barocke Pfarrkirche Santa Maria di Nazareth, der 1840 allerdings eine Fassade im klassizistischen Stil vorgeblendet worden ist.

10 km östl. von Chiavari

Eislöffeln in der Gelateria Carugio

Hier ist noch jeder zum Schleckermäulchen geworden: In der Gelateria Carugio in Sestri Levante zählt man statt Kalorien doch lieber Eiskugeln (▶ S. 14).

ÜBERNACHTEN

Due Mari

Bourgeoises Flair – Zentral in einem Stadtpalast gelegen, bietet das Hotel guten Komfort zu akzeptablen Preisen. Vico Coro 18 | Tel. 01 85/4 26 95 | www.duemarihotel.it | 26 Zimmer | €€

Villa Balbi ▶ S. 25

◎ VARESE LIGURE   K2

2100 Einwohner

Varese Ligure, das wirtschaftliche Zentrum des oberen Vara-Tals, besitzt ein reizendes, als Borgo Rotondo bezeichnetes historisches Zentrum und gehört zur Vereinigung der schönsten Dörfer Italiens (»I borghi più belli d'Italia«). Der nahezu kreisrunde Grundriss der Altstadt geht auf eine planmäßige Bebauung aus dem 14. Jh. zurück. Die ringförmig angelegten Häuser, die einst als Stadtmauer fungierten und von Wassergräben umgeben waren, öffnen sich zur Stadt hin mit Arkaden. Besonders markant ist das benachbarte Castello dei Fieschi mit zwei gewaltigen Türmen, der Torre del Piccinio und dem Torreone dei Landi. Einen Besuch wert sind auch die barocke Kirche Santi Teresa d'Avila e Filippo Neri mit einer für die Region ungewöhnlichen Doppelturmfassade sowie der im 16. Jh. errichtete Stadtteil Borgo Nuovo. In den letzten Jahren hat sich die Gemeinde Verdienste um die ökologische Erneuerung erworben und wurde von der EU für ihre »nachhaltige Entwicklung« ausgezeichnet. Lohnend ist auch ein Abstecher zu den anderen kreisförmigen Mittelalter-Dörfern im Vara-Tal: Beverino, Follo und Brugnato.

40 km östl. von Chiavari

Im Fokus
Varese Ligure: Liguriens Ökometropole

Es mutet wie ein Wunder an: In der Gemeinde Varese Ligure konnte die Landflucht gestoppt werden. Der Bürgermeister münzte das nachhaltige Wirtschaften der Bauern zum Standortvorteil um. Nun gilt der Ort europaweit als Modell für eine ökologische Erneuerung.

Noch vor zwei, drei Jahrzehnten war Varese Ligure eine sterbende Gemeinde, in der sprichwörtlich der Fuchs »Gute Nacht« sagte. Der traditionsreiche Hauptort des oberen Vara-Tals begrüßte seine Gäste mit bröckelnden Fassaden, immer mehr Bauernhöfe verfielen, und aus immer weniger Schornsteinen stieg Rauch auf. Bereits im 19. Jh. hatte in Varese Ligure wie in anderen Orten im ligurischen Hinterland eine Landflucht eingesetzt, die bis in die 1990er-Jahre anhielt und scheinbar nicht aufzuhalten war. Es wurden kaum mehr Kinder eingeschult, die Jugend war in die Industriestädte oder an die Küste gezogen, sodass die Gemeinde hoffnungslos überaltert war. Trotz seiner dichten Wälder und anderer landschaftlicher Reize wurde das Vara-Tal lange Zeit auch nicht als eigenständige touristische Region wahrgenommen. Der Strom der Reisenden konzentrierte sich nur auf den schmalen Küstenstreifen. Strukturprobleme gab es ohne Ende – und eine Veränderung, oder zumindest die Hoffnungs darauf, war keinesfalls in Sicht.

◀ Bürgermeister Maurizio Caranza (▶ S. 97)
in »seinem« Vorzeigeort Varese Ligure.

Wahrscheinlich wäre der Niedergang bis heute weitergegangen, wäre Maurizio Caranza 1990 nicht zum Bürgermeister gewählt worden. Caranza, der als Beamter in Genua arbeitete und als Fachmann für Agrarfragen in der Europäischen Union galt, hatte sich als unabhängiger Kandidat aufstellen lassen und einen Rettungsplan für die Gemeinde vorgestellt. Zwei Drittel der Vareser gaben Caranza ihre Stimme und der neu gewählte Bürgermeister sollte seine Wähler nicht enttäuschen.

Der unlängst verstorbene Maurizio Caranza erkannte die Rückständigkeit als »Standortvorteil« und setzte bewusst auf eine ökologische Landwirtschaft, was gar nicht so schwer war, da die meisten Bauern aus purer Armut sowieso nachhaltig gewirtschaftet hatten. Mithilfe des Europäischen Strukturfonds, der die Pläne mit 50 Mio. Euro unterstützte, konnte Varese Ligure dem Niedergang ein Ende setzen. Doch man wollte keine Postkartenidylle wie in den Cinque Terre, man wollte vor allem im Einklang mit der Natur leben. Hierzu mussten Bausünden beseitigt werden, außerdem wurden endlich eine funktionierende Kanalisation sowie eine Kläranlage und ein Recyclinghof gebaut.

NACHHALTIGER AUFSCHWUNG

Varese Ligure und die mehr als zwei Dutzend Weiler, die zur Gemeinde gehören, haben spürbar von dem Aufschwung profitiert. In den letzten Jahren wurden im gesamten Vara-Tal rund 140 neue Arbeitsplätze geschaffen. Inzwischen haben über 95 Prozent der landwirtschaftlichen Betriebe auf ökologischen Landbau umgestellt, und das Tal gilt als »Valle del Biologico«. Urlauber können sich auf dem traditionellen Dienstagsmarkt davon überzeugen. Dann kommen die Bauern aus den umliegenden Tälern und bieten ihre Bioprodukte feil: Honig, Käse, Salami und traditionelle Backwaren. Einige Betriebe haben sich zu Kooperativen zusammengeschlossen und verkaufen ihre Waren auch im Direktvertrieb.

Für ihren erfolgreichen Kampf gegen den Klimawandel wurde Varese Ligure als erste Gemeinde Europas von der Europäischen Union mit einem Öko-Zertifikat ausgezeichnet. Längst wird der gesamte Energieverbrauch des oberen Vara-Tals durch erneuerbare Energien gedeckt. Und das Beispiel Varese hat Schule gemacht: Seit 2007 werden in Italien Gemeinden mit dem »Premio Maurizio Caranza« für eine Umstellung auf erneuerbare Energien ausgezeichnet.

RIVIERA DELLE PALME

*Von der französischen Grenze bis hinüber nach Genua erstreckt sich
die Riviera di Ponente, deren größten Teil die sogenannte »Palmen-
riviera« einnimmt. Immer wieder trifft man hier auf Zeitzeugen
römischer und frühchristlicher Vergangenheit.*

Der Küstenabschnitt zwischen Alassio und Savona wird in der Touris-
muswerbung auch gerne als Riviera delle Palme bezeichnet. Ein wohl-
klingender Name, sind die Palmen an den Uferpromenaden doch die
schönsten Sendboten des Südens und verheißen Sonne, Wärme und unbeschwerte Tage. Im Prinzip gilt, dass die Region westlich von Savona
schöner und unzersiedelter ist als der sich von Savona nach Genua erstre-
ckende Küstenstreifen. Die bekanntesten Küstenorte der Riviera delle
Palme sind Finale Ligure sowie Alassio. Finale Ligure ist trotz seiner aus-
geprägten touristischen Infrastruktur ein sympathischer Ferienort, und
Alassio erfreut sich dank seines schönen Sandstrandes und seiner ver-
spielten Altstadt seit Jahren ebenfalls großer Beliebtheit. Wer kleinere,
beschaulichere Badeorte bevorzugt, sollte nach Laigueglia, Noli oder Varigotti ausweichen. Wo auch immer: Die Wasserqualität ist in diesem Teil

◀ Unzählige Palmen säumen die Promenade von Finale Ligure (▶ S. 105).

Liguriens ausgezeichnet. Besonders schöne Strände, an denen man nicht nur das Sonnenbad genießen, sondern auch sehr gut schnorcheln kann, finden sich bei Varigotti, Varazze und am Capo Noli. Die Provinzhauptstadt Savona ist trotz ihrer großen Vergangenheit für einen längeren Urlaubsaufenthalt eher ungeeignet, aber dafür kann man einen Einkaufsbummel unter schattigen Arkaden oder einen Museumsbesuch unternehmen.

AUSFLÜGE INS HINTERLAND

Kulturtouristen sei die Römerstadt Albenga empfohlen, das nicht nur durch seine mittelalterlichen Geschlechtertürme und den stattlichen Dom begeistert, sondern mit seinem Baptisterium das einzige spätantike Baudenkmal Liguriens besitzt. Lohnend sind auch Abstecher ins Hinterland, beispielsweise nach Zuccarello mit seiner Burgruine, dem verträumten Balestrino oder zu den geheimnisvollen Grotten von Toirano.

SAVONA   ⚑ E 3

62 500 Einwohner
Stadtplan ▶ S. 101

Die hektische Provinzhauptstadt Savona lebt in erster Linie von der Eisen- und Stahlindustrie sowie von ihrem Hafen, der Tourismus spielt nur eine untergeordnete Rolle. Der Hafen ist der fünftgrößte Italiens, was vor allem daran liegt, dass hier in Savona die in Turin gefertigten Fiats und Lancias verschifft werden.

Aufgrund seines Naturhafens war Savona, dessen Name sich von den ligurischen Sabatern ableitet, bereits vor mehr als 2000 Jahren ein prosperierender Handelsort. Fatalerweise verbündeten sich die Sabater im Zweiten Punischen Krieg aber mit dem unterlegenen Karthago, weswegen die Römer zur Strafe das benachbarte Vado förderten. Erst im 11. Jh. konnte sich Savona wieder aus dem Schatten Vados lösen und sich als politisch unabhängige Seemacht etablieren.

Die Nachbarstadt Genua verfolgte diesen Aufstieg mit Missmut und Argwohn, sodass es wiederholt zu kriegerischen Auseinandersetzungen kam. Erst 1527 gelang es, das rivalisierende Savona endgültig in die Knie zu zwingen. Die von Andrea Doria angeführten Genuesen ließen den Hafen zuschütten und die alte Oberstadt mitsamt der Kathedrale abbrechen. An ihrer Stelle wurde die wuchtige Festung Priamar errichtet, von der aus nicht nur die Küste verteidigt, sondern auch – falls nötig – ein Aufstand der Savoneser niedergeschlagen werden sollte.

Während des 19. Jh. nahm das Städtchen Savona, das nunmehr zum Königreich Sardinien gehörte, einen erneuten Aufschwung. Im Zuge der Industrialisierung ließen sich zahlreiche metallverarbeitende Fabriken in Savona nieder. Damals entstanden mit dem Corso Italia und der Via Paleocapa zwei elegante Flaniermeilen, die heute von zahlreichen Boutiquen gesäumt werden. Die breite Via Paleocapa, die mit ihren hohen Laubengängen an Piemonteser Städte erinnert, führt zum Hafen hinunter. In manchen Gassen stehen noch einige der mächtigen Geschlechtertürme, ein Großteil fiel aber den Bomben der Alliierten im Zweiten Weltkrieg zum Opfer. Inmitten der Altstadt befindet sich auch der Duomo Santa Maria Assunta.

SEHENSWERTES

① Duomo Santa Maria Assunta

Die frühbarocke Basilika wurde gegen Ende des 16. Jh. von Battista Sormano aus Como als Ersatz für den von den Genuesen in der Oberstadt abgebrochenen Dom errichtet. Die breit gelagerte neobarocke Fassade mit der Figur der Heiligen Assunta in einem Relief sowie die Ausstattung des dreischiffigen Innenraums sind eine Beigabe des 19. Jh., während das monumentale Chorgestühl aus dem 16. Jh. stammt. Die wertvollsten Kunstschätze werden im Domschatzmuseum ausgestellt, das vom Chor aus zugänglich ist. Vom nördlichen Seitenschiff gelangt man in einen stimmungsvollen Kreuzgang, der ursprünglich auf ein älteres Franziskanerkonvent zurückgeht.

MUSEEN UND GALERIEN

② Museo Sandro Pertini

Das von dem ehemaligen italienischen Staatspräsidenten Sandro Pertini gegründete Museum zeigt hauptsächlich moderne und zeitgenössische italienische Kunst.

Fortezza del Priamar, Palazzo della Loggia, Corso Mazzini 1 | So–Mo 10.30–15 Uhr | Eintritt 2,50 €, Kinder 1,50 €

③ Museo Storico Archeologico

Das archäologische Museum gewährt einen Einblick in die bewegte Vergangenheit von Savona. Gezeigt werden Funde der Ausgrabungen auf dem Priamar-Hügel, römische Bodenmosaike und Sarkophage.

Fortezza del Priamar, Palazzo della Loggia, Corso Mazzini 1 | 16. Juni–14. Sept. Mi–Mo 10.30–15, 15. Sept.–15. Juni Mi–Fr 9.30–12.30 und 14.30–16.30, Sa–Mo 10.30–16.30 Uhr | Eintritt 2,50 €, Kinder 1,50 €

④ Pinacoteca Civica

Die städtische Gemäldegalerie beherbergt ligurische Malerei, hauptsächlich sakrale Kunst, aus der Zeit vom 14. bis 18. Jh. Zu den wertvollsten Exponaten gehören Ludovico Breas »Kreuzigung« und Nicolèda Voltris »Madonna mit Kind«. Ein paar Vitrinen geben den Besuchern einen guten Überblick über die lokale Keramiktradition.

Palazzo Gavotti, Piazza Chabrol 1 | Mo–Mi 9.30–13, Do–Sa 9.30–13 und 15.30–18.30, So 10–13 Uhr | Eintritt 4 €, Kinder 3 €

ESSEN UND TRINKEN

⑤ Bacco

Vorzügliche Fischgerichte – Die mit maritimen Utensilien eingerichtete Osteria wirkt auf den ersten Blick wie eine

Savona

© MERIAN-Kartographie

Touristenfalle, doch treffen sich in erster Linie Einheimische an den rot-weiß gedeckten Tischen. Eine Speisekarte gibt es nicht, dafür verkündet der urige Wirt Francesco Doberti – er war früher Seemann – mit seinem dröhnenden Bass das aktuelle Angebot. Selbstverständlich gibt es täglich frischen Fisch.
Via Quarda Superiore 17 | Tel. 0 19/8 33 53 50 | Mo–Sa | €€

SERVICE
AUSKUNFT
IAT ▶ S. 101, a 1
Via Paleocapa 76 | Tel. 0 19/8 40 23 21 |
www.turismo.provincia.savona.it

Ziele in der Umgebung
◎ **ALASSIO** 6 ◢ D 5
12 000 Einwohner

Alassio gehört seit mehr als 100 Jahren zu den renommiertesten Badeorten der italienischen Riviera. Die hinter der Stadt aufragenden Berge schützen die Bucht vor kalten Nordwinden und garantieren ein angenehmes mildes Klima. Alassios Wurzeln reichen zurück bis in die Sarazenenzeit. Im Mittelalter erlebte die Stadt ihre erste große Blüte, die zweite begann mit dem Tourismus. Bereits im 19. Jh. strömten gut betuchte Reisende nach Alassio, um hier zu überwintern. Wer sich ein

Bild von der illustren Gästeschar machen will, die Alassio über die Jahre hinweg beehrt hat, kann dies an einer kleinen Mauer, dem südlich des Rathauses gelegenen »muretto«, tun. Auf Keramikkacheln haben sich zahlreiche bekannte Persönlichkeiten verewigt, angefangen bei Ernest Hemingway über Zarah Leander, Jean Cocteau, Louis Armstrong, Helmut Zacharias, Anita Ekberg bis hin zu dem italienischen Dramatiker und Nobelpreisträger Dario Fo. Allerdings kann man sich des Eindrucks nicht erwehren, dass diese Gästeliste hauptsächlich von historischer Bedeutung ist und zeitgenössische Prominente eher einen Bogen um Alassio schlagen. Die Touristen der Gegenwart sind namenlos wie das bronzene Liebespärchen, das auf der Mauer sitzend turtelt. Alassio präsentiert sich heute als angenehmer Ferienort mit einem schönen Sandstrand, zahlreichen Hotels, Restaurants und Boutiquen. Kulturelle Sehenswürdigkeiten sind rar, dafür strahlt Alassios historische Altstadt mit ihren engen, schmalen Gassen viel Flair aus.

40 km westl. von Savona

ÜBERNACHTEN

Grand Hotel Alassio

Alte Pracht – Lange Zeit war das im Herzen von Alassio gelegene Grand Hotel, ein neoklassizistischer Hotelpalast, dem unaufhaltsamen Verfall preisgegeben. Glücklicherweise fand sich ein Investor, der dem Niedergang Einhalt gebot. Nach umfangreichen Renovierungsarbeiten erstrahlt das lange geschlossene Hotel wieder in seiner alten Pracht. Die komfortablen Zimmer – teilweise mit Terrasse – bieten höchsten Komfort. Entspannung findet man im zugehörigen Thalasso-Spa oder bei einem Martini auf der schönen Terrasse. Eigener Privatstrand.

Via Gramsci 2/4 | Tel. 01 82/64 87 78 | www.grandhotelalassio.com | 61 Zimmer | €€€

Ligure

Eigenes Spa – Geschmackvolles, modern eingerichtetes Hotel zwischen Meer und Fußgängerzone. Wer nicht an den Strand will, kann die Sonne auch auf der großen Terrasse im ersten Stock genießen. Die etwas teureren Zimmer mit Meerblick rechtfertigen den Aufpreis.

Passeggiata D. Grollero 25 | Tel. 01 82/64 06 53 | www.ligurealassio.it | 50 Zimmer | €€€

Savoia

Schöne Aussicht – Schmuckes, gut ausgestattetes Hotel. Von den meisten Zimmern sowie vom Frühstücksraum genießt man einen herrlichen Blick auf das Meer. Zuvorkommender Service. Panoramaterrasse.

Via Milano 14 | Tel. 01 82/64 02 77 | www.savoiahotel.it | 44 Zimmer | €€

ESSEN UND TRINKEN

Il Palma

Kreative Gaumenfreuden – Mitten in der Altstadt von Alassio gelegen, versteht sich das Restaurant von Massimo Viglietti auf eine innovative Küche, die alle Geschmacksnerven begeistert, wobei er raffiniert Fisch- mit Fleischgerichten kombiniert. Guter Weinkeller, romantisches Ambiente.

Via Cavour 5 | Tel. 01 82/64 03 14 | www.ilpalma.com | Do–Di | €€€

La Prua

Speisen am Strand – Dies ist das einzige Lokal von Alassio, in dem man abends auf dünnen Holzpaletten direkt am Strand sitzen kann. Zudem begeistern die saisonale Ausrichtung und der zuvorkommende Service. Passeggiata Baracca 25 | Tel. 01 82/ 64 25 57 | www.ristorantelapruadialassio. it | €€

SERVICE

AUSKUNFT
APT
Viale Gibb 26 | Tel. 01 82/6 47 11 | www.alassio.net

◎ **ALBENGA** 🏖 D 4
22 000 Einwohner

Albenga ist schon von Weitem sichtbar, denn die Stadt wird von gotischen Geschlechtertürmen überragt – steinerne Symbole adeliger Abkunft und gesellschaftlicher Macht. Trotz der zahlreichen Kunstschätze lassen die meisten Touristen Albenga links liegen. Ein Grund dafür ist sicherlich, dass Albenga über keine attraktiven Strände verfügt und diese zudem durch einen hässlichen Bahndamm vom historischen Zentrum abgeschnitten sind.

Vor rund 2000 Jahren war das römische Albingaunum eine der bedeutendsten Hafenstädte an der ligurischen Küste. Der rechtwinkelige Grundriss der römischen Stadt ist bis heute unverkennbar, da Albenga im Mittelalter nach den Zerstörungen der Völkerwanderungszeit entlang der alten Straßenzüge wieder errichtet wurde. Die beiden römischen Hauptstraßen sind noch immer deutlich

Mit den Autogrammen illustrer Gäste und mit einem bronzenen Liebespaar ist das »muretto« genannte Mäuerchen am Stadtpark von Alassio (▶ S. 101) geschmückt.

auszumachen: Als Cardo (Querachse) diente die Via delle Medaglie d'Oro, als Decumanus (Längsachse) die ineinander übergehenden Straßen Via d'Aste und Via B. Ricci. Das römische Forum konnte bis heute nicht genau lokalisiert werden, dürfte sich aber in unmittelbarer Nähe des Duomo San Michele befunden haben. Durch Anschwemmungen der direkt an Albenga vorbeifließenden Centa liegt das heutige Bodenniveau, wie am Baptisterium zu sehen ist, allerdings mehrere Meter höher als in römischer Zeit.

Gewissermaßen einen zweiten Frühling erlebte Albenga nach der Vertreibung der Sarazenen. Damals entwickelte es sich zu einer der wichtigsten italienischen Handelsstädte und stellte für den ersten Kreuzzug (1098) gar eine eigene Flotte auf. Doch schon 100 Jahre später geriet Albenga immer mehr unter genuesischen Einfluss, bis es 1251 seine politische Eigenständigkeit verlor und nach der Versandung des Hafens allmählich zu einer bedeutungslosen Provinzstadt herabsank. Das mauerbewehrte Stadtbild erinnert an die einstige Bedeutung von Albenga.

35 km westl. von Savona

SEHENSWERTES

Duomo San Michele

Der heutige Dom entstand um 1270 anstelle einer frühchristlichen Basilika unter Verwendung von Teilen eines romanischen Vorgängerbaus, barocke Veränderungen wurden bis auf das Portal bei einer umfangreichen Restaurierung wieder weitgehend entfernt. Das Äußere der Kathedrale begeistert durch seinen herrlich proportionierten gotischen Backsteinkirchturm, im Inneren präsentiert sich die dreischiffige Bischofskirche als weitgehend frühgotischer Bau, die Krypta stammt wahrscheinlich aus karolingischer Zeit.

Piazza IV Novembre 9 | tgl. 7–12 und 15–19 Uhr

MUSEEN UND GALERIEN

Museo Civico Ingauno e Battistero (Baptisterium) ⭐

Der von der 60 m hohen Torre del Comune flankierte Palazzo Vecchio beherbergt in seinem Erdgeschoss das städtische Museum. Es ist nur im Rahmen einer Führung zugänglich, zu der auch die Besichtigung des Baptisteriums gehört. Zu sehen sind eine kleine Sammlung von Inschriften, Skulpturen und mehrere Sarkophage aus römischer und frühchristlicher Zeit sowie ein Canavesio zugeschriebenes Fresko. Das Baptisterium ist mit seinem spätantiken Mosaik das bedeutendste frühchristliche Bauwerk Liguriens. Die Sorgfalt, mit der der Bau dieser Taufkapelle betrieben wurde, zeugt von der hohen Bedeutung, die die christliche Glaubensgemeinschaft diesem Initiationsritus bereits im frühen 5. Jh. beigemessen hat. Der im Inneren oktogonale Grundriss sorgt für eine harmonische Raumwirkung; im Zentrum des Baptisteriums steht das romanische Taufbecken. Von herausragender kunsthistorischer Bedeutung ist das in Blau und Gold gehaltene byzantinische Wandmosaik an einer Nische der Taufkapelle: Zwölf Tauben umrahmen ein Monogramm Christi.

Via Nino Lamboglia 1 | Sommer Di–So 9.30–12.30 und 15.30–19.30, Winter Di–So 10–12.30 und 14.30–18 Uhr | Eintritt 3,50 €, Kinder 2 €

Museo Navale Romano

Die Hauptattraktion des Museums sind etwa 1000 Amphoren, die bei zwei Bergungsaktionen aus dem Rumpf eines römischen Schiffes geborgen wurden. Dieses war, mit rund 250 000 l Wein beladen, zu Beginn des 1. Jh. vor Albenga gesunken.

Piazza San Michele 12 | Sommer Di–So 9.30–12.30 und 15.30–19.30, Winter Di–So 10–12.30 und 14.30–18 Uhr | Eintritt 3,50 €, Kinder 2 €

ÜBERNACHTEN

**Colletta** ▶ S. 24

ESSEN UND TRINKEN

Dei Leoni

Einfallsreiche Regionalküche – Kleines, angenehmes Restaurant mit Terrasse im Innenhof, mitten im Zentrum. Angemessene Preise.

Vico Avarenna 1 | Tel. 01 82/5 19 37 | Mi–Mo | €€€

Puppo ▶ S. 33

SERVICE

AUSKUNFT

IAT

Viale Martiri della Libertà 1 | Tel. 01 82/ 55 84 44

◎ ALBISOLA ⚑ E3

18 000 Einwohner

Die mit bunten Fliesen gepflasterte Strandpromenade Passeggiata degli Artisti lässt es sogleich erahnen: In Albisola hat die Keramikproduktion eine lange Tradition. Seit mehr als vier Jahrhunderten widmen sich die Bewohner des Küstenortes der Herstellung von Majolika. Im 18. Jh. war Albisola, das sich genau genommen aus den beiden Gemeinden Albisola Marina und Albisola Superiore zusammensetzt, eine beliebte Sommerfrische: Der letzte Genueser Doge Francesco Maria della Rovere ließ sich in Albisola Superiore die Villa Gavotti errichten; der pompöse Landsitz im Barockstil kündet noch von seinem üppigen Lebensstil.

5 km östl. von Savona

◎ FINALE LIGURE ⚑ D4

14 000 Einwohner

Finale Ligure besteht genau genommen aus drei vollkommen unterschiedlichen Stadtteilen, den beiden Küstenorten Finale Marina und Finalpia sowie dem 2 km landeinwärts gelegenen Finalborgo. Während Finalpia unter touristischen Gesichtspunkten eher uninteressant ist, präsentiert sich Finale Marina als hübscher, gewachsener Küstenort mit schönem Strand, einer lang gestreckten Strandpromenade und netten Gassen, die zum Bummeln einladen. Die auffälligsten Baudenkmäler sind der 1666 für Margarethe von Spanien an der Piazza Vittorio Emanuele errichtete Triumphbogen sowie die Barockkirche San Giovanni Battista mit ihrer prachtvollen Schaufassade und dem aufwendig dekorierten Innenraum.

Historisch bedeutsamer ist der am Zusammenfluss von Pora und Aquila gegründete Ortsteil **Finalborgo**. Von einem vollständig erhaltenen Mauerring mit halbrunden Schalentürmen umgeben, besitzt Finalborgo viel mittelalterliches Flair. Auf altertümlich gepflasterten Gassen, gesäumt von Adelspalästen, spaziert man durch ein außergewöhnlich schönes Dorf, dessen kleine Plätze vom Alltagsleben erfüllt sind. Lohnenswert ist auch ein Abstecher in das nahe Perti, ein aufgegebenes Bergdorf, das von einer imposanten Höhenburg, dem Castel Gavone mit seiner eliptischen Torre dei Diamanti, gekrönt wird.

18 km westl. von Savona

MUSEEN UND GALERIEN

Museo Civico del Finale

Das städtische Museum im ehemaligen Dominikanerkloster Santa Caterina besitzt zahlreiche archäologische Funde, die die Besiedlung des Küstenstreifens von der Frühgeschichte über die römische Epoche bis hin zum Mittelalter dokumentieren. Gezeigt werden Fossilien, Steinwerkzeuge, Töpferwaren aus dem Neolithikum, Gefäße aus der Bronzezeit sowie zahlreiche Münzen aus der Römerzeit.

Chiostri di S. Caterina | www.museo archeologicodelfinale.it | Sommer Di–So 9–12 und 14.30–17, Winter Di–So 10–12 und 16–19 Uhr | Eintritt 4 €, Kinder 2 €

ÜBERNACHTEN

Garibaldi

Hervorragende Lage – Hotel in einem alten Patrizierhaus mit viel Komfort und lauschiger Sonnenterrasse. Meerblick eingeschlossen.

Piazza Vittorio Emanuele 5 | Tel. 0 19/69 04 53 | www.garibaldihotel.com | 19 Zimmer | €€

ESSEN UND TRINKEN

RESTAURANTS

Au Quarté

Ligurische Spezialitäten – Die freundlich geführte Trattoria befindet sich im Ortsteil Finalborgo.

Via Fiume 40 | Tel. 0 19/69 03 00 | www.trattoriauquarte.it | tgl. außer Di, Mi abends | €€

EISCAFÉS

Carlin

Die beliebteste Gelateria von Finale Ligure. Hier werden süße Träume wahr.

Piazza Vittorio Emanuele 6

SERVICE

AUSKUNFT

IAT

Via San Pietro 14 | Tel. 0 19/68 10 19

◎ LAIGUEGLIA ⚑ D 5

2600 Einwohner

Laigueglia ist ein attraktiver Ferienort an der weiten, von Alassio bis zum Capo Mele reichenden Sonnenbucht (Baia del Sole). Dank seines feinen Sandstrandes eignet sich Laigueglia besonders für Familien mit Kindern, allerdings ist der gesamte Strand in »stabilimenti balneari« (Badeanstalten) aufgeteilt. In der gut erhaltenen Altstadt sind noch zahlreiche Gebäude aus der Zeit des 16. bis 17. Jh. zu bewundern, darunter mehrere Palazzi, ein runder Sarazenenturm und eine barocke Pfarrkirche, die dem hl. Matteo geweiht ist. Besonders pittoresk sind die kleinen Plätze, die sich entlang der Hauptgasse zum Meer hin öffnen.

Einen Abstecher lohnt das nahe Castello d'Andora, eine imposante Burgruine, deren Bau auf die Markgrafen von Clavesana zurückgeht. Auf dem Burghügel steht zudem noch die spätromanische Kirche SS. Giacomo e Filippo, die von einem zum Campanile umfunktionierten Wehrturm flankiert wird.

45 km westl. von Savona

◎ NOLI  E3

3000 Einwohner

Klein und beschaulich liegt der Badeort Noli an einer sichelförmigen Bucht, umrahmt von dicht bewaldeten, direkt hinter der Stadt ansteigenden Hügeln. An den schönen Sandstrand schmiegt sich die hervorragend erhaltene Altstadt, deren Stadtmauern bis zur Burgruine auf dem Monte Ursino ansteigen. Mit seinen Geschlechtertürmen ähnelt Noli dem weiter westlich gelegenen Albenga, wobei Noli mehr mediterranes Flair ausstrahlt. Nur einen Steinwurf vom Meer entfernt wechseln sich schattige Laubengänge mit kleinen Plätzen ab, in den verwinkelten Gassen pulsiert das Alltagsleben. Angesichts dieser idyllischen Kleinstadtatmosphäre ist es nur schwer vorstellbar, dass Noli im Mittelalter eine bedeutende Seerepublik war, die sich, mit Genua verbündet, bis 1797 die politische Unabhängigkeit bewahren konnte. Erst Napoleon bereitete dieser Selbstständigkeit ein Ende. Jedes Jahr im September, wenn Vertreter der einzelnen Stadtviertel bei der Regata dei Rioni nach einem farbenprächtigen Umzug in historische Kostüme gehüllt miteinander in Wettstreit treten, wird die große Vergangenheit wieder lebendig.

12 km südwestl. von Savona

SEHENSWERTES

San Paragorio

Die ehemalige Bischofskirche ist einer der formvollendetsten romanischen Sakralbauten Liguriens. Anstelle eines byzantinischen Vorgängerbaus wurde San Paragorio gegen Ende des 11. Jh. im romanisch-langobardischen Stil er-

Die ehemals bedeutende Seerepublik Noli (▶ S. 107) verfügt über eine hübsche Altstadt, die man durch ein Tor erreicht, das mit einem Himmelfahrts-Fresko geschmückt ist.

baut, charakteristisch sind die zu zwei, drei oder vier Bögen gegliederten Friese und Mauerstreifen. Im Inneren umrahmen zwei kreuzgratgewölbte Seitenschiffe den offenen Dachstuhl des Mittelschiffs. Die Freskenreste in der Hauptapsis stammen aus dem 14. Jh.

Di, Do, Sa, So 10–12 und 17–19 Uhr

ÜBERNACHTEN

Hotel Italia Noli

Stylish – Moderne Zimmer in einem stattlichen Palazzo, meist mit Meerblick und Balkon.

Corso Italia 23 | Tel. 0 19/74 83 26 | www.hotelitalianoli.com | 18 Zimmer | €€€

ESSEN UND TRINKEN

Ines

Familiär – In unmittelbarer Nähe des Domes befindet sich das von drei Brüdern geführte Restaurant. Es ist für seine seine ausgezeichnete Meeresfrüchte-Küche bekannt.

Via Vignolo 1 | Tel. 0 19/74 80 86 | www.ristoranteines.com | Mo Ruhetag | €€

SERVICE

AUSKUNFT

IAT

Corso Italia 8 | Tel. 0 19/7 49 90 03 | www.comune.noli.sv.it

◎ TOIRANO　　　　　🔖 D 4

1800 Einwohner

Toirano, ein 3 km von der Küste entferntes Landstädtchen, das bereits in römischer und byzantinischer Zeit besiedelt war, ist heute vor allem wegen seiner Grotten bekannt, doch verdient auch das weitgehend mittelalterliche

Von Weitem sichtbar sind die Ruinen des Castello, die den mittelalterlichen Ort Zuccarello (▶ S. 109) überragen. Von dort führt ein kurzer steiler Weg hinauf zur ehemaligen Burg.

Dorfzentrum eine Besichtigung. Die Pfarrkirche besitzt einen schönen spätgotischen Turm, in den beschaulichen Gassen finden sich mehrere stattliche Häuser mit schönen Schieferportalen.

30 km westl. von Savona

SEHENSWERTES

Grotte di Toirano

In den wohl schönsten Tropfsteinhöhlen der Region, den Grotte di Toirano, sind die Knochen mehrerer Höhlenbären zu bewundern. Mehr als 50, teilweise in vorgeschichtlicher Zeit bewohnte Höhlen sind bis dato im Karstgebirge rund um Toirano entdeckt worden. Die beiden schönsten, die Grotta della Básura und die Grotta di Santa Lucia, können im Rahmen einer Führung besichtigt werden; sie sind durch einen künstlichen Gang verbunden. Neben faszinierenden Tropfsteingebilden, imposanten Sälen und kleinen Höhlenseen gelten die vielen prähistorischen Funde als Hauptattraktion: Knochen und Tatzenabdrücke in der Grotta della Básura belegen eindrucksvoll, dass die Grotte Höhlenbären als Zufluchtsort gedient hat.

Stichstraße an der Strecke Toirano–Bardineto | www.toiranogrotte.it | tgl. 9.30–12.30 und 14–17, Juli und Aug. bis 17.30 Uhr | Eintritt 10 €, Kinder 6 €

ÜBERNACHTEN

Hotel Ca' de Berna

Aussichtsreich – Im Hinterland von Albenga liegt auf einer Höhe von 530 m dieses kleine Familienhotel mit modern eingerichteten Zimmern.

Balestrino | Via Lucifredi 6 | Tel. 32 98 66 21 02 | www.cadeberna.it | Mai–Anfang Okt. geöffnet | €€

◎ VILLANOVA D'ALBENGA C 4

1700 Einwohner

Villanova d'Albenga wurde im 13. Jh. als militärischer Vorposten errichtet, um das für die Landwirtschaft wichtige Hinterland von Albenga gegen Übergriffe der Markgrafen von Clavesana zu sichern. Noch heute zeugt die gut erhaltene Stadtmauer samt Türmen und Toren von der einstigen Bedeutung der »Neuen Stadt«. Sehenswert ist die kleine, nur von außen zu besichtigende Renaissancekirche Santa Maria della Rotonda, ein schlichter Zentralbau über kreisrundem Grundriss.

35 km westl. von Savona

ÜBERNACHTEN

C'era una Volta

Freizeitparadies – Der Ferienpark mit Campingplatz, Bungalow- und Appartementvermietung eignet sich vor allem für Familien mit Kindern. Schönes schattiges Waldareal mit zahlreichen Freizeit- und Sportmöglichkeiten.

Tel. 01 82/58 04 61 | www.villaggio ceraunavolta.it | €

◎ ZUCCARELLO C 4

300 Einwohner

Das im Tal der Neva gelegene Dorf mit seinem geschlossenen Stadtbild ist ein schönes Beispiel für einen spätmittelalterlichen Borgo. Die Häuser schmiegen sich so eng aneinander, dass sie nach außen hin einer Stadtmauer gleichen. Zwei Stadttore bilden den einzigen Zugang zu der Hauptgasse, die an beiden Seiten von Laubengängen gesäumt wird. Überragt wird Zuccarello von den imposanten Ruinen eines Castello aus dem frühen 13. Jh.

35 km westl. von Savona

RIVIERA DEI FIORI

*Die traditionsreichen Orte Sanremo und Bordighera sind die
touristischen Aushängeschilder der Riviera dei Fiori,
der sogenannten »Blumenriviera«, die zu den beliebtesten
Landstrichen Liguriens gehört.*

Nicht nur der Name Riviera dei Fiori weist auf den Blumenanbau als vorherrschenden Wirtschaftszweig hin: Die üppige Vegetation und die zahllosen Treibhäuser sind nicht zu übersehen. Im Zentrum des Blumenanbaus steht Sanremo mit seinen blühenden Parkanlagen und dem weltbekannten Mercato dei Fiori. Für Liebhaber anspruchsvoller Gartenkultur gehört ein Besuch der westlich von Ventimiglia gelegenen Giardini Hanbury mit ihrem artenreichen tropischen Pflanzenwuchs zum Pflichtprogramm. Nicht nur die Blumen, auch die Touristen wissen die ausgezeichneten klimatischen Bedingungen zu schätzen. So gehörte Bordighera zusammen mit Sanremo zu den ersten Orten Liguriens, in denen wohlhabende Nordeuropäer überwinterten. Zahlreiche großartige Hotelpaläste sowie prunkvolle Villen zeugen noch vom Glanz jener Epoche. Ganz im Westen Liguriens liegt Ventimiglia, das noch ein Amphitheater

◄ Vom mittelalterlichen Dorf zur Künstler-
gemeinschaft: Bussana Vecchia (► S. 114).

Riviera delle Palme — Genua — Riviera di Levante
Cinque Terre — Golfo della Spezia
Riviera dei Fiori

aus römischer Zeit besitzt, heute aber vor allem für seinen lebendigen Freitagsmarkt bekannt ist.

Nur wenige Kilometer vom Meer entfernt zeigt sich die Riviera dei Fiori hingegen von einer vollkommen anderen Seite: Einsame Täler und karge Berglandschaften, die sich bis auf eine Höhe von über 2000 m erheben, bestimmen das Landschaftsbild, dazwischen findet man kleine, verwinkelte Bergdörfer, wie beispielsweise Cervo, Baiardo und Apricale, in denen die Zeit stehen geblieben zu sein scheint. Die Gassen sind so eng und steil, dass sie zu Fuß erkundet werden können. Bussana Vecchia wiederum ist ein besonderes Dorf: Durch ein Erdbeben im 19. Jh. fast vollkommen zerstört, wurde es von Künstlern und Aussteigern wieder besiedelt. Eine wichtige Erwerbsquelle sind der Olivenanbau und die Weinberge, die sich über viele Hänge erstrecken, so im Nerviatal bei Dolceaqua.

APRICALE ⚑ A 6

600 Einwohner

Wer von Isolabona nach Apricale fährt, sieht das Bergdorf von seiner schönsten Seite: Wie übereinandergestapelt kleben die Häuser an einem über dem Tal des Merdanzo thronenden Felssporn. Ein pittoresk verschachteltes Häuserlabyrinth, das nur schwer zu erreichen ist. Eine schmale Gasse führt zum zentralen Dorfplatz Vittorio Emanuele empor, der von der Pfarrkirche Purificazione di Maria und dem gegenüberliegenden Oratorium umrahmt wird. Schön sitzt man in der kleinen Trattoria unter den Arkaden. Auffallend sind die zahlreichen Wandmalereien, die über den ganzen Ort verteilt sind; sie stammen aus den 1960er-Jahren, als man Apricale mit Darstellungen ländlichen Alltags und Arbeitslebens zu verschönern versuchte. Besonders interessant ist ein Besuch im August: Mehrere Abende lang findet ein anspruchsvolles Theaterfestival statt. Als Besonderheit wird das jeweilige Stück an verschiedenen Plätzen des Ortes gespielt, sodass man durch das Dorf wandern muss, um alle Akte sehen zu können.

ÜBERNACHTEN

MUNTAeCARA – Albergo Diffuso ⚑
Dorfhotel – Die angestaubten Urlaubspensionen haben Konkurrenz bekommen: Allerorts wurden in Ligurien nicht nur moderne Designhotels oder kleine Herbergen im landestypischen Stil eröffnet, sondern auch diese einzigartige Herberge in dem verschachtelten mittelalterlichen Dorf Apricale. Verfallene Häuser wurden mit viel Lie-

be renoviert und werden inzwischen als Suiten oder Gästezimmer vermietet, wobei die Unterkünfte über das ganze Dorf verteilt sind. Die Zimmer mit ihren teilweise offenen Bruchsteinmauern besitzen allen modernen Komfort und sind meist mit traditionellem Mobiliar eingerichtet. Authentischer kann man das ländliche Ligurien nicht erleben.

Piazza Vittorio Veneto 2 | Tel. 0184/ 20 90 30 | www.muntaecara.it | €€

ESSEN UND TRINKEN

Da Delio

Regionale Tafelfreuden – Delio Viale liebt die kulinarische Vielfalt seiner Heimatregion und serviert Köstlichkeiten wie gefüllten Kohl (»cavoli ripieni«), Kaninchenravioli in Thymiansauce oder geschmorten Ziegen- oder Wildschweinbraten. Zum Nachtisch unbedingt die große Käseplatte ordern! Das Lokal hat außerdem eine empfehlenswerte Weinauswahl zu bieten und verfügt über eine schöne Terrasse.

Piazza Vittorio Veneto 9 | Tel. 0184/ 20 80 08 | www.ristoranteapricale.it | Mi–So | €€

BAIARDO   A 5

400 Einwohner

Nur 20 km von Sanremo entfernt, und doch dem bunten turbulenten Küstentreiben völlig entrückt, liegt der kleine Ort Baiardo. Von dem in einer Höhe von 900 m gelegenen Dorf scheinen die Gipfel der Seealpen zum Greifen nah. Das einst recht stolze, von dichten Pinienwäldern umgebene Bergdorf konnte sich von den Folgen eines Erdbebens (1887) nur schwer erholen. Viele Bewohner sahen nach der Zerstö-

rung ihres gesamten Besitzes keine Zukunft mehr in der abgeschiedenen Bergwelt und verließen daher ihre Heimat. Wegen des im Sommer angenehm milden Klimas ist Baiardo in den letzten Jahren jedoch zu einer beliebten Sommerfrische avanciert, was man auch an den zahlreichen privaten Ferienhäusern ablesen kann.

BORDIGHERA   A 6

12 000 Einwohner

Der traditionsreiche Kurort an der Riviera dei Fiori nahe der französischen Grenze hat sich sein elegantes Flair weitgehend bewahren können. Englische Adelige sind unter den Feriengästen zwar kaum mehr auszumachen, doch erinnert noch heute eine Vielzahl stattlicher Gebäude an jene glanzvollen Zeiten, als vermögende Engländer nach Bordighera reisten und hier eine Art Kolonie gründeten. Angelockt durch den mittlerweile vergessenen Liebesroman »Il Dottor Antonio« von Giovanni Ruffini, dessen Schauplatz die Riviera bei Bordighera ist, strömten die Nordländer so zahlreich herbei, dass sie gegen Ende des 19. Jh. die Bevölkerungsmehrheit ausmachten. Jenseits der vornehmen Villenviertel thront auf einem Hügel über dem Capo Sant'Ampelio das pittoreske historische Zentrum Bordigheras. Umgeben von einer Stadtmauer und drei Toren bilden die verwinkelten Altstadtgassen einen spannungsreichen Kontrast zu den wie mit dem Lineal gezogenen Straßen des modernen Stadtteils. Das Rathaus wurde übrigens von keinem Geringeren als Charles Garnier, dem Erbauer der Pariser Oper, errichtet, der in Bordighera ein Ferienhaus besaß.

SEHENSWERTES
Giardino Esotico Pallanca

In dem exotischen Kakteengarten, von der Familie Pallanca angelegt und betreut, gedeihen mehr als 3000 verschiedene Sukkulentenarten.

Via Madonna della Ruota 1 | www.pallanca.it | Sommer Di–So 9–12.30 und 14.30–19, Winter 9–17 Uhr | Eintritt 6 €, erm. 5 €

ÜBERNACHTEN
Parigi

Freundlicher Service – Das ausgesprochen freundlich geführte Hotel liegt direkt an der Strandpromenade. Besonders schön sind die Zimmer mit Meeresblick. Das Hotel verfügt über einen Wellnessbereich und einen Privatstrand. Garagenstellplätze können vorab reserviert werden.

Lungomare Argentina 18 | Tel. 01 84/26 14 05 | www.hotelparigi.com | Mitte Okt. bis Mitte Dez. geschl. | 56 Zimmer | ♿ | €€€

ESSEN UND TRINKEN
Chez Louis

Köstlicher Fisch – Die ambitionierte Trattoria liegt im modernen Zentrum von Bordighera. Die Speisekarte enthält Empfehlenswertes wie Fischcarpaccio oder Langustenmedaillons.

Corso Italia 30 | Tel. 01 84/26 16 03 | www.chezlouis.it | tgl. 12–14.30 und 19–22 Uhr | €€€

SERVICE
AUSKUNFT
IAT
Via Vittorio Emanuele II 172/174 | Tel. 01 84/26 23 22 | www.bordighera.it

Über mehrere Terrassen den Hang hinab breitet sich die Sammlung des Giardino Esotico Pallanca (▶ S. 113) aus. Die Anlage wurde 1910 begonnen und zählt heute ca. 10 000 Pflanzen.

BUSSANA VECCHIA 10 ✔B6

Aus der Entfernung scheint sich das auf einem Ausläufer der Seealpen thronende Bussana Vecchia nicht wesentlich von anderen ligurischen Dörfern zu unterscheiden. Man vermutet rund um den barocken Kirchturm eine typisch italienische Dorfidylle, doch sobald man sich Bussana Vecchia bis auf wenige 100 m genähert hat, wird der Unterschied augenfällig. Leere Fensteröffnungen und bröckelnde Fassaden lassen auf ein Geisterdorf schließen. Und richtig: Im Februar 1887 wurde das Dorf von einem Erdbeben zerstört, 54 Menschen fanden in den Trümmern den Tod. Die von der Katastrophe geschockten Überlebenden zogen an die Küste hinunter und überließen ihr altes Dorf dem weiteren Verfall.

Als nach dem Zweiten Weltkrieg süditalienische Arbeiter hier eine Heimat suchten, wurden sie radikal vertrieben, die erhaltenen Treppen und Decken ließ die zuständige Behörde einreißen, um das Dorf unbewohnbar zu machen. Mehr Glück hatten in den 1960er-Jahren ein paar von der Atmosphäre faszinierte Künstler, die sich in Bussana Vecchia niederließen. Nach und nach entstand um den Turiner Maler und Schriftsteller Clizia eine internationale Künstlerkolonie. Schutt wurde beiseitegeräumt, brüchige Mauern und Gewölbe abgestützt, ein Abwassersystem errichtet. Die am besten erhaltenen Häuser reparierten die neuen Bürger notdürftig, um sie als Ateliers nutzen zu können. Da sich von der Kunst allein bekanntlich schlecht leben lässt, fand sich in den Häusern der Maler, Bildhauer und Töpfer noch Platz für eine Galerie oder einen Verkaufsraum.

CERVO ✔E5

1300 Einwohner

Liebhaber ausgedehnter Badefreuden begeistert Cervo wahrscheinlich weniger, wer aber gerne durch pittoreske mittelalterliche Gassen schlendert, sollte unbedingt einen Besuch einplanen. Überragt wird das Küstenstädtchen von der weithin sichtbaren Barockkirche San Giovanni Battista, die mit ihrer prachtvollen Schaufassade dem Meer zugewandt ist. Der aufwendige Sakralbau mit dem schlanken Campanile wurde durch die üppigen Einkünfte der örtlichen Korallenfischer finanziert. Im Sommer dient der Vorplatz als Bühne für ein internationales Kammermusikfestival, das 1964 von dem ungarischen Geiger Sándor Végh begründet worden ist. Die Orientierung in der Altstadt fällt nicht schwer: Mehrere parallel ausgerichtete Straßen, die durch überwölbte Gassen und Treppen miteinander verbunden sind, durchziehen den Ort von der Kirche bis zum Castello.

DOLCEACQUA ✔A6

1850 Einwohner

Dank seiner grazil geschwungenen Brücke über den Fluss Nervia und der dahinter emporragenden Burgruine gehört Dolceacqua zu den meistfotografierten Orten an der ligurischen Küste. Kein Geringerer als der französische Maler Claude Monet soll hier, von dem Szenario fasziniert, seine »Freude am Malen wiederentdeckt« haben. Die Brücke (Spannweite 33 m) verbindet den mittelalterlichen Borgo nuovo mit dem zu Füßen der Burg gelegenen, etwas älteren, »Terra« genannten Stadtteil, der durch ein schier

Hinter der barocken Fassade der Kirche San Giovanni Battista in Cervo (▶ S. 114) verbirgt sich ein einschiffiger Innenraum. Von der Piazza genießt man einen schönen Blick aufs Meer.

unüberschaubares Geflecht von Treppenwegen und Gassen begeistert. Dolceacqua ist aber nicht nur ein beliebtes Ausflugsziel, sondern auch das landwirtschaftliche Zentrum des Nerviatals. In der Umgebung reifen die Trauben für den Rossese di Dolceacqua sowie die Früchte für ein ausgezeichnetes kaltgepresstes Olivenöl heran.

SEHENSWERTES

Castello dei Doria

Die ursprünglich von den Grafen von Ventimiglia errichtete Burg befand sich jahrhundertelang im Besitz der genuesischen Familie der Doria, die sie im 16. Jh. zu einem repräsentativen Wohnschloss ausbauten. Im Österreichischen Erbfolgekrieg wurde die Anlage 1746 schwer beschädigt, den Rest besorgte schließlich das Erdbeben von 1887. Heute dient die Ruine als pittoreske Kulisse für sommerliche Open-Air-Veranstaltungen.
Mi–Mo 10–18 Uhr

ÜBERNACHTEN

Terre Bianche

Ländlich – Schöne Agriturismo-Herberge in einem wuchtigen Steinhaus

inmitten von Weinbergen. Die hellen Gästezimmer sind stilvoll eingerichtet.
Loc. Arcagna | Tel. 01 84/3 14 26 | www. terrebianche.com | 9 Zimmer | €

ESSEN UND TRINKEN

Osteria dell'Acqua Dolce

Rustikales Ambiente – In der Osteria wird eine traditionelle ligurische Küche auf hohem Niveau serviert. Leckere Pasta, hervorragende Weinkarte.
Via Patrioti Martiri 33 | Tel. 01 84/ 20 50 32 | www.osteriacquadolce.it | Fr–Mi | €€€

EINKAUFEN

Der Rotwein Rossese di Dolceacqua D.O.C. genießt unter Weinkennern einen ausgezeichneten Ruf. In den zahlreichen »enoteche« wird der hiesige Rebensaft verkostet und verkauft. Erstklassiges Olivenöl findet man bei der Cooperativa Olivicola Val Nervia (Via Roma 10, Tel. 01 84/20 61 71).

IMPERIA 🚩 C 5

42 000 Einwohner

Imperia präsentiert sich als zweigeteilte Stadt: Die beiden ungleichen Stadtteile Porto Maurizio und Oneglia wurden 1923 per Dekret vereint und sind seither nur widerwillig zusammengewachsen. Jahrhundertelang trennte der namensgebende Fluss Impero die ehemals verfeindeten Gemeinden: Während das auf einer Anhöhe westlich des Flusses gelegene **Porto Maurizio** stets mit der mächtigen Seerepublik Genua verbündet war, nutzten die Herzöge von Savoyen den Stadtteil **Oneglia** als Zugang zum Mittelmeer. Oneglia ist auch der Geburtsort des genuesischen Flottenführers Andrea Doria. Im Zeitalter der Napoleonischen Kriege begeisterten sich die Bürger von Porto Maurizio für das revolutionäre Gedankengut, während in Oneglia der Franzosenhass offen zutage trat. Selbst in touristischer Hinsicht sind deutliche Unterschiede auszumachen: Die Sehenswürdigkeiten konzentrieren sich fast ausschließlich in Porto Maurizio, das rund um den klassizistischen Duomo San Maurizio mit einer attraktiven, sehenswerten Altstadt und stattlichen Bürgerhäusern wie dem gotischen Palazzo Pagliari aufwarten kann. In dem von Industrie und modernen Zweckbauten geprägten Oneglia dagegen reizen einzig der Besuch des Olivenmuseums und ein Bummel durch die arkadengesäumten Straßen nahe der Piazza Dante.

SEHENSWERTES

Duomo San Maurizio

Der die Silhouette von Porto Maurizio bestimmende Dom hebt sich durch seine frühklassizistische Architektur und seine Ausmaße von anderen ligurischen Sakralbauten ab. Ende des 18. Jh. vermeinte die prosperierende Hafenstadt, ihre gestiegene wirtschaftliche Bedeutung durch einen Kirchenneubau zum Ausdruck bringen zu müssen. Die Pläne für den Dom stammen von dem lombardischen Architekten Gaetano Cantoni. Der Bau wurde, bedingt durch die Wirren der Französischen Revolution, erst 1832 abgeschlossen.
Piazza del Duomo

MUSEEN UND GALERIEN

Museo dell'Olivo

Im Industriegebiet von Imperias Stadtteil Oneglia hat die im Olivenölhandel tätige Firma Fratelli Carli ein überaus interessantes Museum eingerichtet, das sich in didaktisch hervorragender Weise mit der Kulturgeschichte des Olivenanbaus auseinandersetzt. In einer Jugendstilvilla wird der Herstellungsprozess von der Ernte bis zum fertigen Produkt erläutert, zudem werden archäologische Funde und Antiquitäten präsentiert. Nach dem Besuch des Museums kann man im angrenzenden Betrieb auch gleich qualitativ hochwertiges Olivenöl und andere italienische Spezialitäten kaufen.

Via Garessio 13 | www.museodellolivo. com | Mo–Sa 9–12.30 und 15–18.30 Uhr | Eintritt 5 €, Kinder 2,50 €

ÜBERNACHTEN

Relais di Maro ▶ S. 24
Relais San Damian ▶ S. 25

ESSEN UND TRINKEN

Lanterna Blu

Extravagant – Das im Stadtteil Porto Maurizio gelegene Restaurant bietet feinste Gerichte in einem außergewöhnlichen Ambiente. Die Spezialität des Hausess: Meeresfrüchte, die in der Küche in wahre Kunstwerke verwandelt werden. Der Service ist professionell und warmherzig.

Via Scarincio 32 | Tel. 01 83/6 38 59 | www.lanternablu.it | tgl. außer Okt., Di, Mi mittags | €€€€

Osteria del Rododendro ▶ S. 18

SERVICE

AUSKUNFT
IAT
Viale Matteotti 37 | Tel. 01 83/27 49 82 | www.visitrivieradeifiori.it

Viel Wissenswertes über die Geschichte des Olivenbaums von der Antike bis heute, über Anbau und Weiterverarbeitung, erfährt der Besucher im Museo dell'Olivo (▶ S. 116) in Oneglia.

Baden im Flussbecken

Das glasklare Wasser der Laghetti di Rocchetta Nervina lädt zum Schwimmen ein. Ein besonders schöner Platz ist das Bassin vor dem großen Wasserfall (▶ S. 14).

den Fluss und führt in den Ortskern. Der Weg zu den Laghetti zweigt kurz vor der Brücke linker Hand ab und verengt sich nach wenigen Metern zu einem kleinen Pfad. Nach rund 20 Minuten stößt man auf die ersten Wasserbecken der Barbaira.

LAGHETTI DI ROCCHETTA NERVINA 👫 A5

Die Laghetti di Rocchetta Nervina bestehen aus mehreren Wasserbecken, die das kleine Flüsschen Barbaira oberhalb des Ortes Rocchetta Nervina in einem kleinen Seitental der Seealpen geschaffen hat. Die einzige Zufahrtsstraße, die 1 km nördlich von Dolceacqua abzweigt, endet als Sackgasse vor dem Dorfparkplatz. Eine malerisch geschwungene Brücke spannt sich über

Wollen Sie's wagen?

In Rocchetta Nervina werden regelmäßig Canyoning-Touren veranstaltet. Das Klettern und Springen von Gumpe zu Gumpe erfordert Mut und Geschick. Die Ausrüstung wird gestellt, die Kosten belaufen sich je nach Teilnehmeranzahl ab 65 €. Liguria Adventure | Tel. 3 49/ 6 76 23 89 | www.liguriadventure.it

Zum Sprung ins kühle Nass lädt das kristallklare Wasser der Laghetti di Rocchetta Nervina (▶ S. 118), auf die man bei einer Wanderung oberhalb des gleichnamigen Ortes trifft.

MONTE BIGNONE ⚑ A 6

Der zwischen der Küste und Baiardo gelegene Monte Bignone (1299 m) ist der Hausberg von Sanremo. In vorrömischer Zeit wurde der Monte Bignone von den Ligurern als Fliehburg genutzt; zahlreiche archäologische Funde lassen auf eine kontinuierliche Besiedlung schließen, die erst in der Spätantike ein Ende fand. Bis in die 1960er-Jahre führte eine Seilbahn von Sanremo auf den Gipfel, auf dem eine kleine malerische Kapelle steht. Heute muss man sich des Autos bedienen, um den fantastischen Rundblick bis weit hinunter zur Küste genießen zu können.

PIGNA ⚑ A 5

1000 Einwohner

Pigna ist ein typisch ligurisches Bergstädtchen mit engen, oftmals von Bögen überspannten Gassen, die durch Treppenwege miteinander verbunden sind und das Zentrum ringförmig einkreisen. Von der Ferne gleicht Pigna mit seinen scheinbar übereinandergestapelten Häusern einem überdimensionalen Pinienzapfen, weswegen der Ort auch diesen Namen erhalten haben soll (»pigna« = Pinienzapfen). Traditioneller Dorfmittelpunkt ist die Loggia della Piazza Vecchia, wo in früheren Zeiten Recht gesprochen wurde. Fast ebenso malerisch liegt das gegenüberliegende Castel Vittorio, dessen Häuser sich um den hoch aufragenden Turm der barockisierten Pfarrkirche Santo Stefano gruppieren.

SEHENSWERTES

San Michele Arcangelo

Kunstliebhabern ist eine Besichtigung dieser weitgehend spätgotischen Säulenbasilika zu empfehlen. Die Kirche besitzt eine schön gearbeitete Fensterrose aus weißem Marmor mit original erhaltenen Glasfenstern aus dem 15. Jh. Sehenswert sind zudem die Altargemälde sowie die farbenfrohen Passionsfresken im rechten Seitenschiff von 1482. Beide stammen von dem piemontesischen Maler Giovanni Canavesio, der auch die nahe, sich seit 1947 auf französischem Territorium befindende Wallfahrtskapelle Notre-Dame-des-Fontaines mit ausgemalt hat.

Piazza XX Settembre

ÜBERNACHTEN

Ristorante Hotel Terme

Pilzgerichte – Das Hotel Terme liegt abgeschieden nördlich von Pigna, doch die Kochkünste von Gloria Rossi lohnen den Umweg ins obere Nerviatal. Zur Auswahl stehen täglich zwei günstige Menüs, für jeweils zwei Personen, ansonsten bestellt man à la carte. Da die Wälder rund um Pigna in ganz Ligurien für ihren Pilzreichtum bekannt sind, sollte man sich unbedingt nach dem aktuellen Pilzangebot erkundigen. Es werden auch Zimmer vermietet.

Via Madonna Assunta | Tel. 01 84/ 24 10 46 | Restaurant: Do–Di 12.30–14.30 und 19.30–22 Uhr | 15 Zimmer | €€

Im ligurischen Pilzhimmel

9

Die ligurischen Wälder sind bekannt für ihren Pilzreichtum. Entweder macht man sich selbst auf die Suche oder man isst in einem der typischen Familienbetriebe die köstlichen Gerichte (▶ S. 14).

SANREMO ⬦ B 6

60 000 Einwohner
Stadtplan ▶ S. 121

Sanremo ist die unumstrittene Tourismusmetropole der Blumenriviera (Riviera dei Fiori), das renommierte Schlagerfestival, der Radrennklassiker »Mailand–Sanremo« und andere internationale Veranstaltungen haben zu diesem Ruf beigetragen. Nicht zu vergessen: das Spielkasino sowie das vielfältige Sportangebot, angefangen vom Golfplatz bis hin zu einem exklusiven Reit- sowie Tennisclub. Der Blumengroßmarkt von Sanremo ist der größte in ganz Italien. Noch immer zehrt Sanremo vom Flair der Belle Époque, als sich wohlhabende Aristokraten und Industrielle an der vom Klima verwöhnten Riviera tummelten. Die ersten Luxushotels, wie das noch heute existierende Londra am Corso Matuzia, wurden ab 1860 errichtet. Wenig später entdeckte auch Alfred Nobel seine Liebe zu Sanremo. Der schwedische Erfinder des Dynamits und Stifter des nach ihm benannten Nobelpreises ließ sich an der sonnigen Rivieraküste sein Altersdomizil als exzentrische Jugendstilvilla mit maurischen Elementen errichten. Die Altstadt La Pigna mit ihren engen Häusern zeigt eine andere Seite der Stadt. Auch Weltgeschichte wurde hier geschrieben: Zwei Jahre nach Ende des Ersten Weltkrieges bestanden die Siegermächte in einer in Sanremo abgehaltenen Konferenz auf der Umsetzung der Versailler Verträge.

SEHENSWERTES

① Duomo San Siro

Die Bischofskirche besteht weitgehend aus romanischen und gotischen Stilelementen, auffällig ist der offene Dachstuhl im Langhaus. Bei einer Renovierung wurden die barocken Veränderungen des 17. und 18. Jh. rückgängig gemacht.

Piazza San Siro | tgl. 7.30–12 und 15–18, im Sommer bis 19 Uhr

② San Basilio

Die zwiebelturmgekrönte russisch-orthodoxe Kirche, die 1913 von der russischen Gemeinde in Erinnerung an die Zarin Maria Alexandrowna errichtet wurde, ähnelt der Sankt-Blasius-Kathedrale in Moskau und verleiht dem Corso Imperatrice einen exotischen Touch.

Via Nuvolini 2 | Di, Do und Sa 15–18.30, So nur 9–12 und 15–18.30 Uhr

Villa Nobel ▶ S. 121, östl. c 1

Alfred Nobel, der schwedische Naturwissenschaftler und Stifter des nach ihm benannten Nobelpreises, lebte die letzten sechs Jahre bis zu seinem Tod (1896) in dieser herrschaftlichen Villa am östlichen Stadtrand. Authentisches Flair samt Museum.

Corso Cavalotti 116 | www.villanobel. provincia.imperia.it | Di–So 10–12.30, Fr–So 15–18 Uhr | Eintritt 5,50 €, erm. 4 €

MUSEEN UND GALERIEN

③ Museo Civico

In den herrschaftlichen Räumen des Palazzo Borea d'Olmo werden frühgeschichtliche und römische Funde aus Sanremo und Umgebung sowie regionale Meister gezeigt. Eine Abteilung des Museums widmet sich Giuseppe Garibaldi, schillernde Figur der italienischen Nationalbewegung des 19. Jh.

Corso Matteotti 143 | Di–Sa 9–19 Uhr | Eintritt 5 €, Kinder 3 €

ÜBERNACHTEN

4 Cortese

Schmuckes Stadthotel – Angenehme Unterkunft im zeitlos modernen Stil.
Corso Garibaldi 20 | Tel. 01 84/50 04 86 | www.hotelcortese.it | 23 Zimmer | €€

5 Royal

Stilvolle Atmosphäre – Das traditionsreiche Hotel befindet sich in unmittelbarer Nähe des Kasinos. Erfrischung bietet der hauseigene Meerwasserpool, Ruhe und Erholung der schöne Garten.
Corso Imperatrice 80 | Tel. 01 84/53 91 | www.royalhotelsanremo.com | 126 Zimmer | €€€€

ESSEN UND TRINKEN

RESTAURANTS

6 Cantine Sanremesi

Schmackhafte Hausmannskost – Gutes und günstiges Essen findet man in diesem alten Weinkeller, den Cantine Sanremesi, seit drei Generationen in Familienbesitz. Neben der obligatorischen Minestrone gibt es ein täglich wechselndes Hauptgericht, dazu wird selbst gebackenes Brot gereicht. Wer will, kann auch einfach nur ein Glas Wein trinken. Abends ist eine Reservierung ratsam.
Via Palazzo 7 | Tel. 01 84/57 20 63 | Di–So | €

7 Paolo e Barbara

Für das Auge – Das von einem freundlichen jungen Paar geführte Restaurant hat sich bereits einen Michelin-Stern erworben. Küchenchef Paolo Masieri ist ein Meister seines Fachs und versteht es, selbst mit so einfachen Gerichten wie Kräuterravioli auch eingefleischte Gourmets zu begeistern. Via Roma 47 | Tel.0184/53 16 53 | www. paolobarbara.it | Aug.–Juni Fr–Di 20–22, Sa, So auch 12.30–13.45, Juli Do–So 20–22 Uhr | €€€

EISCAFÉS

8 Grom

Erstklassiges selbst gemachtes Eis aus natürlichen Zutaten, ganz ohne Aroma- und Konservierungsstoffe. Corso Garibaldi 2 | Tel. 0184/ 59 18 06 | www.grom.it

KULTUR UND UNTERHALTUNG

9 Casino Sanremo

Im berühmtesten Spieltempel Italiens hat schon so manche Spielernatur bei Roulette und Black Jack ihre gesamte Urlaubskasse verspielt. Corso degli Inglesi 18 | www.casino sanremo.it | tgl. ab 10 Uhr

Auf den Monte Saccarello

Der im Hinterland von Sanremo gelegene Monte Saccarello gilt mit 2201 m als der höchste Berg Liguriens. Die grandiose Fernsicht bis hin zum Meer ist zwar kostenlos, doch lässt sich dieser Glücksmoment nur mit viel Schweiß und Mühen »erkaufen« (▶ S. 15).

SERVICE

AUSKUNFT

APT ▶ S. 121, a 3

Largo Nuvoloni 1 | Tel. 0184/5 90 59 | www.apt.rivieradeifiori.it

SEBORGA  A 6

350 Einwohner

Das altertümliche Bergdorf thront in einer Höhe von rund 600 m über der Küste. Wer sich die beschwerliche Straße emporgewunden hat, wird mit einem fantastischen Panoramablick belohnt. Aus historischer Sicht unterscheidet sich Seborga von den anderen ligurischen Orten, da das kleine Bergnest von 959 an fast 800 Jahre dem auf einer Insel vor Cannes gelegenen Benediktinerkloster Saint-Honorat gehörte und von einem Abt als autonomes Fürstentum regiert wurde. Die Herrschaft der Äbte endete erst, als die Mönche Seborga 1729 mehr oder weniger freiwillig an den König von Savoyen abtraten.

TAGGIA B 6

15 000 Einwohner

Aufgrund seiner schönen Lage und seines außerordentlich gut erhaltenen historischen Ortskerns gehört Taggia zu den sehenswertesten Orten an der Riviera dei Ponente. Ausgehend von einer Burg entstand im 11. Jh. eine imposante, durch zahlreiche Tore befestigte Stadt, die zum besseren Schutz vor den Überfällen der Sarazenen im leichter zu verteidigenden Hinterland errichtet wurde. Auf engem Raum drängen sich malerische, von Schwibbögen überspannte Treppengassen zusammen, hin und wieder öffnen sich die Gassen zu kleinen, beschaulichen Plätzen.

Doch gibt es auch arkadengesäumte Straßen mit stattlichen Adelspalästen, deren reich dekorierte Portale ebenso wie die zahlreichen Kirchen noch vom einstigen Reichtum der Stadt künden. Die Hauptattraktion von Taggia ist neben dem Dominikanerkloster San Domenico eine rund 260 m lange mittelalterliche Steinbrücke, die auf 16 Rundbögen gestützt, einen zumeist recht beschaulich wirkenden Fluss namens Argentina überspannt. Die beiden östlichsten Bögen ruhen sogar noch auf römischen Fundamenten! Lohnenswert ist zudem ein Aufstieg zu den nur von außen zu besichtigenden Ruinen eines Castello, da sich von dem Hügel ein umfassender Blick über das gesamte Tal bietet. Benediktinermönche führten hier im 16. Jh. die Olive »Taggiasca« (nach Art von Taggia) ein.

Zur Gemeinde Taggia gehört auch der 4 km entfernte Küstenort Arma di Taggia, der sich allerdings, sieht man von einem breiten Sandstrand ab, als wenig attraktives Seebad präsentiert.

SEHENSWERTES
Convento San Domenico

Das 1460 gegründete Dominikanerkloster zählt zu den kunst- und kulturhistorisch bedeutsamsten Sakralbauten Liguriens. Der Klosterkomplex wurde von lombardischen Baumeistern noch weitgehend im gotischen Stil errichtet. In der von zwei Seitenkapellen flankierten Hauptapsis ist die sogenannte Schutzmantelmadonna von Ludovico Brea zu bewundern. Außerdem sind weitere wertvolle Tafelbilder und Fresken von Ludovico und Francesco Brea sowie anderen bedeutenden liguri-

Die schwarz-weiß dekorierten Arkaden, Gurtbögen und Gewölberippen lassen im Innenraum des Convento San Domenico (▶ S. 123) in Taggia eine feierliche Atmosphäre entstehen.

schen Künstlern wie Bernardino Campi und Nicolò Corso zu sehen.

🕐 An jedem 3. Sonntag des Monats wird unter den Arkaden der Via Soleri ein bunter Flohmarkt abgehalten.
Piazza Beato Cristoforo 6 | www.conventosandomenicotaggia.org | Mo–Sa 9–11.30, Sommer 15.30–18.30, Winter 14.30–17.30 Uhr | Eintritt 5 €, Kinder 2,50 €

ESSEN UND TRINKEN

Le Macine del Confluente

Zünftig – Das von mehreren Restaurantführern gelobte Lokal ist für seine delikate ländliche Küche und seine üppigen Portionen bekannt.
Badalucco (8 km nördl. von Taggia) | Località Oxentina | Tel. 01 84/40 70 18 | www.lemacinedelconfluente.com | Mi–So geöffnet, im Nov. Betriebsferien | 6 Zimmer | €€

VENTIMIGLIA 📖 A 6

27 000 Einwohner

Das von dem Fluss Roya geteilte Grenzstädtchen Ventimiglia ist für diejenigen, die über Frankreich anreisen, das Tor zu Ligurien. Ursprünglich war Ventimiglia die Hauptstadt der Intemelier, eines 180 v. Chr. von den Römern unterworfenen Ligurerstamms. Die siegreichen Römer ließen sich am östlichen Ufer der Roya nieder und gründeten eine neue Stadt, der sie den Namen Albium Intemelium gaben. Verkehrsgünstig an der nach Gallien führenden Via Aurelia gelegen, entwickelte sich die Stadt schnell zu einem lebendigen Provinzzentrum. Seine zweite Glanzzeit erlebte Ventimiglia im Mittelalter, als die gleichnamigen Grafen weite Teile der ligurischen Küste beherrschten und auf einer Anhöhe am rechten Ufer der Roya residierten. Stattliche Patrizierhäuser, der ehrwürdige Dom und das Baptisterium sowie Reste der Stadtbefestigung und eine Burgruine erinnern noch an jene bedeutende Epoche. Damals wie heute fungiert die von zahlreichen Geschäften gesäumte Via Garibaldi als Hauptachse der Altstadt. Das Einkaufs- und Geschäftsleben spielt sich aber in der am linken Ufer der Roya gelegenen Neustadt ab.

SEHENSWERTES

Balzi Rossi

Die kurz vor der französischen Grenze unterhalb des Dorfes Grimaldi gelegenen Grotten gehören zu den bedeutendsten prähistorischen Fundstätten Europas. Die Ausgrabungen förderten neben rund 15 000 bis 20 000 Jahre alten menschlichen Skeletten auch bemerkenswerte Grabbeigaben zutage. Spektakulär war vor allem der Fund in der Grotta dei Fanciulli. Die beiden dort entdeckten Skelette eines Jünglings und einer alten Frau unterscheiden sich von den bis dato bekannten Crô-Magnon-Typen, denn sie weisen deutlich negroide Merkmale auf. Der Fund veranlasste die Forschung zum Umdenken, da seither von einem weiteren in Europa verbreiteten Menschentypus ausgegangen werden muss. Die Grabbeigaben und der Schmuck lassen darauf schließen, dass sich beide Menschentypen auf der gleichen Kulturstufe befunden haben. Ungewöhnlich war allerdings die Beerdigung in Hockstellung.

Ein Teil der Funde ist im Museo Nazionale Preistorico dei Balzi Rossi ausgestellt. Eine Besichtigung der Grotten, die hinter dem Museum liegen, ist jedoch eher enttäuschend.

Via dei Balzi Rossi | Di–So 8.30– 19.30 Uhr | Eintritt 2 €

Santa Maria Assunta

Die Kathedrale von Ventimiglia ist ein dreischiffiger romanischer Bau mit einem fensterlosen tonnengewölbten Mittelschiff und kreuzrippengewölbten Seitenschiffen. Die unbekannten Baumeister haben sich wahrscheinlich an der schlichten Zisterzienserarchitektur der provenzalischen Klöster Le Thoronet und Sénanque orientiert. Die Krypta stammt eventuell noch aus karolingischer Zeit und birgt die Reliquien des hl. Secondo, dem die Kirche ursprünglich geweiht war. An die Nordapsis der Kathedrale schließt sich das Baptisterium mit einem hierfür typischen oktogonalen Grundriss an.

Via del Capo 1

Teatro Romano

Ventimiglia besitzt noch mehrere Zeugnisse seiner römischen Vergangenheit. Das im Jahr 1877 bei den Arbeiten an der Bahnlinie im Osten der Stadt entdeckte römische Theater stammt aus dem 2. Jh. Es zählt zwar nicht zu den schönsten seiner Art, da nur noch wenige halbkreisförmig angeordnete Sitzreihen und Reste der Bruchsteinmauern erhalten sind, doch vermittelt die einst 5000 Zuschauer fassende Anlage einen guten Eindruck von der Größe des römischen Albium Intemelium. In der Nähe sind zudem noch die freigelegten Grundmauern einiger römischer Häuser zu sehen.

Antiquarium, Corso Genova 134 | Sa, So 15–18 Uhr | Eintritt frei

ÜBERNACHTEN

Calypso

Gutes Preis-Leistungs-Verhältnis – Zentral, aber ruhig gelegenes Hotel. Das Meer befindet sich nur einen Katzensprung entfernt.

Via Matteotti 8 | Tel. 01 84/35 15 88 | www.calypsohotel.it | 31 Zimmer | €€

Giardini Hanbury

Faszinierende Stunden bescheren die Giardini Hanbury in der Nähe von Ventimiglia. Nirgendwo sonst an der ligurischen Küste gibt es eine solche Vielfalt mediterraner wie auch tropischer und subtropischer Pflanzen zu bewundern, die je nach Jahreszeit in ihren schönsten Farben blühen (▶ S. 15).

ESSEN UND TRINKEN

Balzi Rossi

Direkt am Meer – Das Restaurant von Andrea und Giuseppina Beglia gilt als der Feinschmeckertempel im Westen Liguriens. Die beiden verstehen es, in distinguierter Atmosphäre eine ausgezeichnete Küche zu servieren.

Frontiera S. Ludovico, Piazzale A. de Gasperi 2 | Tel. 01 84/3 81 32 | www.ristorantebalzirossi.com | tgl. außer Mo, Di mittags | €€€€

EINKAUFEN

Freitagsmarkt ▶ S. 40

SERVICE

AUSKUNFT

IAT

Via Cavour 61 | Tel. 01 84/35 11 83 | www.visitrivieradeifiore.it

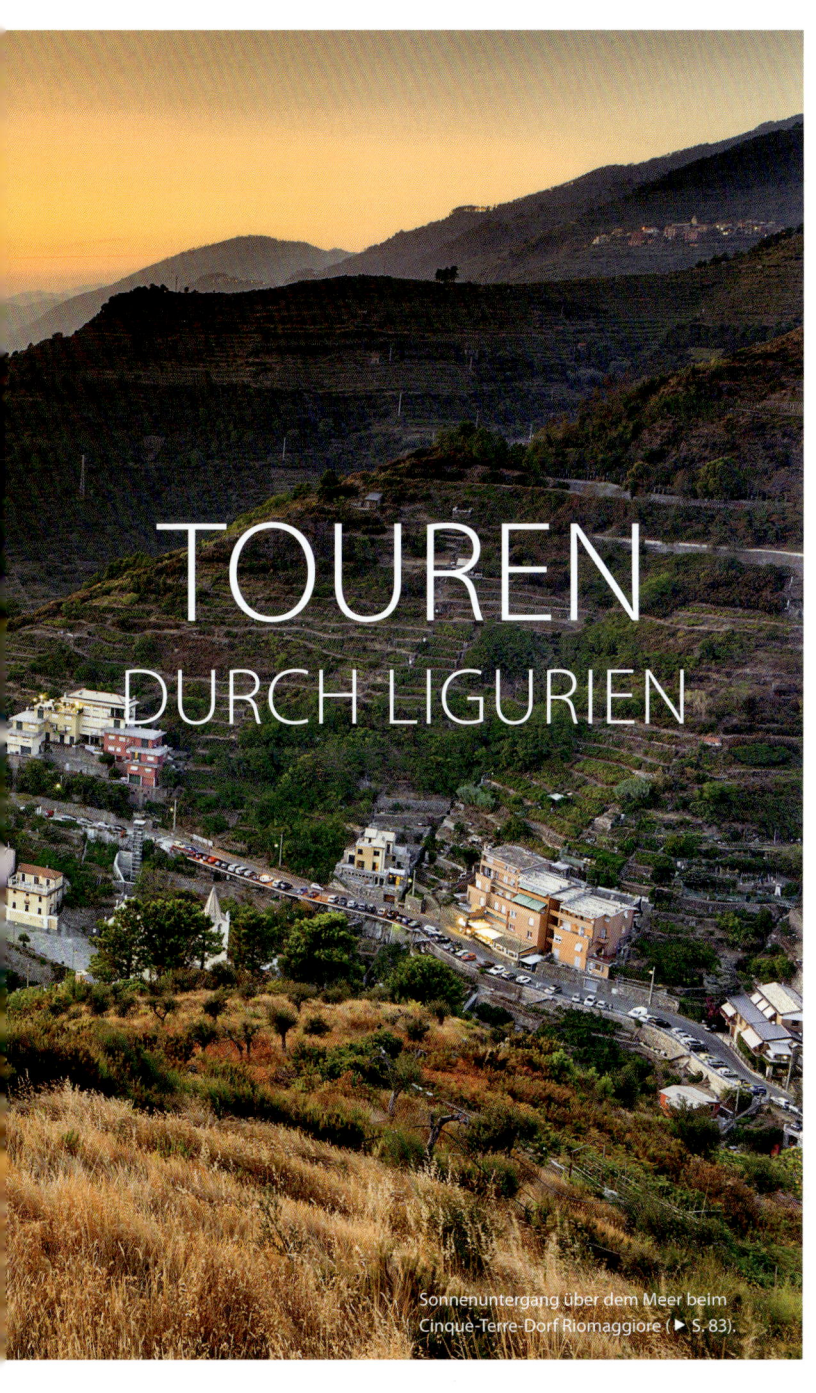

TOUREN
DURCH LIGURIEN

Sonnenuntergang über dem Meer beim
Cinque-Terre-Dorf Riomaggiore (▶ S. 83).

INS ROYATAL – BEEINDRUCKENDE ZEUGNISSE DER VERGANGENHEIT

CHARAKTERISTIK: Die eindrucksvolle, historisch interessante Autotour führt über die Grenze ins Nachbarland Frankreich und schließt einen Museumsbesuch ein **DAUER:** Tagesausflug (ohne Wanderung zur Vallée des Merveilles) **LÄNGE:**  rund 100 km **EINKEHRTIPP:** Restaurant Bellevue, 5 rue Louis Périssol, Saorge, Tel. 04 93 04 51 37, www.restaurant-bellevue.com €€ ⚑ A 6–A 4

Es sind gerade mal 20 km Luftlinie, die zwischen dem französischen Teil des Royatals und Ventimiglia mit seinen palmengesäumten Stränden liegen, aber tatsächlich trennen die beiden Regionen Welten. Während an der überfüllten italienischen Riviera die meisten Touristen träge in der Sonne liegen, lockt das Royatal mit unberührter Natur und zahlreichen schönen Bergdörfern. Ein Abstecher in diese Gegend bietet sich für Ligurienurlauber auch aus historischen Gründen an: Bis 1947 verlief die Grenze zwischen Frankreich und Italien nämlich mitten durch das obere Royatal. Erst durch eine Volksabstimmung, bei der der höhere französische Lebensstandard die ausschlaggebende Rolle spielte, wurde Tenda zu Tende und Frankreich um ein Stückchen größer.

Ventimiglia ▶ Breil-sur-Roya

Das erste der sehenswerten Dörfer im Royatal ist das kurz hinter der Grenze gelegene **Breil-sur-Roya** mit seinen pastellfarbenen Häusern und einem Staudamm, der die Roya zu einem See verbreitert. In der sympathischen Altstadt von Breil-sur-Roya folgen die Straßenzüge in ihrem Verlauf weitgehend den landschaftlichen Gegeben-

heiten, Reste der Stadtmauer sowie das Tor Saint-Antoine sind noch erhalten. Das Bild der Stadt erinnert an die italienische Vergangenheit, mit der von Arkaden gesäumten Place de Biancheri als Piazza des einstigen Briga.

Breil-sur-Roya ▶ Saorge

Fährt man das Royatal ein paar Kilometer flussaufwärts, bietet sich von der zerklüfteten Schlucht ein imposanter Anblick: Hoch über dem Tal klebt der Ort **Saorge** an einem steil abfallenden Felshang. Die eng aneinanderlehnenden Häuser lassen nur schmale Durchgänge frei, die mit Treppen verbunden sind. Aus Platzgründen wurden die Häuser mehrfach aufgestockt.

Saorge ▶ Tende

Westlich von **St-Dalmas-de-Tende** befindet sich das größte europäische Freilichtmuseum für Frühgeschichte. Vor 4000 Jahren hat die keltoligurische Urbevölkerung in den Tälern rund um den als »Heiligen Berg« verehrten **Mont Bégo** begonnen, Zeichnungen in den Fels zu ritzen. Rund 30 000 Gravuren lassen sich in der **Vallée des Merveilles** (Tal der Wunder) und in der benachbarten **Vallée Fontalbe** ausmachen. Zwischen Oktober und Mitte Juni sind die Felszeichnungen zumeist von einer Schneeschicht bedeckt, so-dass im Grunde nur die Sommermonate Juli, August und September für Exkursionen geeignet sind. Als Ausgangspunkt für eine Wanderung in die Vallée des Merveilles – mindestens ein Tag ist zu veranschlagen – eignen sich der Lac des Mésches sowie Castérino. In der übrigen Zeit des Jahres muss man mit dem **Musée des Merveilles** (tgl. außer Di 10–18.30 Uhr, im Winter bis 17 Uhr) in Tende vorliebnehmen. Von den Felsen mit den bedeutendsten Felszeichnungen wurden Abgüsse gemacht und hier ausgestellt.

La Brigue ▶ Notre-Dame-des-Fontaines

Auf die kunsthistorisch bedeutsamste Sehenswürdigkeit der Region stößt man in einem kleinen, abgelegenen Tal, 4 km hinter der Ortschaft **La Brigue.** Von außen würde wohl niemand in der schlichten einschiffigen Wallfahrtskapelle **Notre-Dame-des-Fontaines** einen von seinen Ausmaßen wie auch von seiner Ausdruckskraft so überaus beeindruckenden Freskenzyklus vermuten. Der Zyklus ist ein Werk des aus Piemont stammenden Künstler-Priesters Giovanni Canavesio, der im 15. Jh. als Wandermaler in der Grafschaft Nizza hohes Ansehen genoss. Besonders beeindruckend sind die realistischen Illustrationen mit teilweise skurrilen Details: So hängt Judas, von einem dämonischen Affen aufgeschlitzt, mit blutigen Eingeweiden an einem Olivenbaum. Unterhalb der im Quellgebiet der Levense gelegenen Wallfahrtskirche lassen sich die Füße nach der Besichtigung in einem kalten Wildbach kühlen.

Nahe der italienischen Grenze, auf französischer Seite, liegt hoch oben über dem zerklüfteten Tal der Roya der Ort Saorge (▶ S. 128), von dem sich ein imposanter Panoramblick bietet.

CINQUE TERRE – BELIEBTE KÜSTENWANDERUNG ÜBER FRUCHTBARE TERRASSENFELDER

CHARAKTERISTIK: Die mittelschwere, panoramareiche Küstenwanderung verläuft teilweise über einen etwas anspruchsvolleren Höhenweg **DAUER:** Tagesausflug **ANFAHRT:** Alle fünf Cinque-Terre-Orte werden von der italienischen Eisenbahn häufig und regelmäßig angefahren. Eine Rückkehr zum Ausgangspunkt ist daher unproblematisch **EINKEHRTIPP:** Trattoria Gianni Franzi (▶ S. 85), Vernazza, Tel. 01 87/82 10 03 €€ **AUSKUNFT:** www.5terre.de
❧ L 4–M 4 und Detailkarte in Faltkarte

Die Cinque Terre gehören zweifellos zu den schönsten Wanderregionen Italiens. Der gesamte Küstenabschnitt wurde 1997 von der UNESCO zum Weltkulturerbe erklärt. Die fantastische Terrassenlandschaft mit ihren Weinbergen und Olivenbäumen, ihren steilen Felsklippen und Bilderbuchdörfern lädt förmlich zur Erkundung auf Schusters Rappen ein. Ein Geheimtipp ist eine Wanderung durch die Cinque Terre sicherlich nicht, allzu viele sind dem Reiz dieses Küstenabschnitts und seiner fünf namensgebenden Dörfer verfallen. Während der italienischen Ferien und an den Wochenenden sind die Wanderwege dennoch überlaufen, sodass man, möchte man ungestört wandern, am besten am frühen Morgen aufbrechen sollte. Wer die beliebte Küstenroute meidet, trifft jedoch selbst in der Hochsaison nur sporadisch auf andere Wandergruppen.

Monterosso ▶ Riomaggiore

Die klassische Cinque-Terre-Wanderung (Wanderung 1) verbindet alle fünf Dörfer von **Monterosso al Mare** bis **Riomaggiore**. Dieser Küstenweg (Markierung: rot-weiß Nr. 2) führt in rund 5 Stunden zumeist in einer Höhe von 200 bis 300 m über dem Meer und lässt sich auch bequem in Etappen zurücklegen. Wer weniger Zeit hat, sollte sich auf den besonders schönen Abschnitt zwischen Monterosso al Mare und Corniglia beschränken oder auf die Bahn umsteigen. Da diese in jedem der fünf Dörfer hält, kann man die Wanderung jederzeit unterbrechen oder einzelne Abschnitte laufen und mit dem Zug zurück- oder weiterfahren.

Ebenso reizvoll wie die klassische Cinque-Terre-Tour, aber deutlich weniger frequentiert sind die Küstenwanderungen, die von **Levanto** nach **Monterosso al Mare** (2,5 Std., Wanderung 2) und von **Riomaggiore** nach **Portovenere** (5 Std., Wanderung 3) führen. Vor allem im Frühjahr zeigt sich die Küste in ihren schönsten Farben, zwischen den Terrassen blühen Ginster und Myrte, streckenweise sorgen Pinien und Steineichen für kühlen Schatten. Auf dieser Wanderung lassen sich die für die Cinque Terre charakteristischen Terrassenfelder studieren, die die Höhenlinien des Gebirges nachzeichnen. Der Erhalt dieser Terrassenlandschaft ist ein sehr arbeits- und kostenintensives Unterfangen, da keine motorisierten Fahrzeuge zum Einsatz kommen können. Jährlich muss rund ein Prozent der stützenden Trockenmauern erneuert werden, um ein Abrutschen der Felder zu verhindern. Man sollte daher auch der Versuchung widerstehen, Trauben und anderes Obst zu pflücken, denn den Cinque-Terre-Bauern entsteht jährlich ein erheblicher Schaden durch naschsüchtige Wanderer.

Da der Weg nur wenig beschattet ist, empfiehlt es sich, ausreichend Trinkwasser mitzunehmen. Restaurants und kleine Supermärkte finden sich in allen fünf Küstenorten. Auch Badesachen sollte man nicht vergessen. Der größte Strand erstreckt sich unterhalb des Bahnhofs von Corniglia. Besonders idyllisch, da weniger besucht, ist die kleine Kiesbucht Spiaggia di Guvano im Westen von Corniglia.

Höhenweg

Als Alternative zur klassischen Küstenroute empfiehlt sich der mit einer rot-weißen Nr. 1 markierte **Höhenweg**, der von **Levanto** bis **Portovenere** führt und zumeist in einer Höhe von 600 bis 800 m verläuft (Wanderung 4). Aufgrund der Höhenmeter und der Länge der Wanderung (10–12 Std.) ist die Tour nur für durchtrainierte Wanderer geeignet. Es besteht jedoch die Möglichkeit, die Strecke in zwei Etappen zurückzulegen. Markierungen weisen den Weg hinunter zu den Küstenorten. **Hinweis:** Die **Via dell'Amore** zwischen Riomaggiore und Manarola ist derzeit gesperrt.

Alle fünf Cinque-Terre-Orte sind durch schöne Wanderwege miteinander verbunden, wobei je nach Lust und Laune bestimmte Etappen auch mit dem Zug absolviert werden können.

ZUM KLOSTER SAN FRUTTUOSO – NATURERLEBNIS UND KUNST-GENUSS IN EINEM

CHARAKTERISTIK: Die leichte Wanderung verläuft zumeist in Küstennähe. Sie ist einfach und leicht zu bewältigen. Badesachen und Sonnenschutz sollte man unbedingt mitnehmen! Ausreichend Trinkwasser mitführen! **DAUER:** Halbtagesausflug, reine Wanderzeit 2 Std. (einfach) **LÄNGE:** 8 km (einfach) **EINKEHRTIPP:**

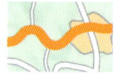 Da Giovanni, San Fruttuoso di Camogli, Tel. 01 85/77 00 47, www.da giovanniristorante.com €€ **AUSKUNFT:** www.sanfruttuoso.eu **KARTE: S. 133**

Portofino ist im Sommer fest in der Hand der Touristen. Allen, denen der Trubel und die Menschenmassen in dem Küstenort zu viel sind, empfehlen sich ausgedehnte Streifzüge durch die mediterrane Vegetation der reizvollen Umgebung. Eine der schönsten Wanderungen auf der Halbinsel von Portofino führt zum ehemaligen Benediktinerkloster **San Fruttuoso** ⭐.

Portofino ▶ San Fruttuoso

Der Wanderweg, der durch den unter Naturschutz stehenden **Parco Naturale Monte di Portofino** führt, beginnt am Parkplatz von Portofino, und zwar an dessen dem Hafen entgegengesetzten Ende. Man geht eine schmale Straße, dann auf einem Treppenweg vorbei an schmucken Villengrundstücken. Gleich am Anfang müssen knapp 200 Höhenmeter bewältigt werden, was vor allem im Hochsommer recht schweißtreibend sein kann. Nach dem anstrengenden, aber kurzen Aufstieg verläuft ein schmaler Pfad nun parallel zur Küste, vorbei an Terrassenfeldern bis zu einem kleinen Stauweiher, der idyllisch in die Landschaft eingebettet ist.

Der Wanderweg ist in diesem Bereich zwar nicht markiert, doch kann man sich kaum verlaufen, da der Küstenverlauf als Orientierung dient. Oberhalb des Weihers geht es nun in ein paar Minuten auf einem breit gepflasterten Weg zur Casa Prato. Von dort führt ein Höhenweg, an dessen Seiten Zistrosen, Wolfsmilchgewächse und Ginster blühen, in einer guten halben Stunde zur Base O, einer im Zweiten Weltkrieg befestigten Küstenstellung. Herrlicher Ausblick auf das Meer! Durch dichte Macchiabüsche und einen Steineichenwald geht es nun hinunter zum Kloster San Fruttuoso, das bereits gelegentlich durch das dichte Blattwerk zu sehen war. Beeindruckend ist die Außenbefestigung mit Türmen und Zinnen.

Heute ist San Fruttuoso ein beliebtes Ausflugsziel mit einer Handvoll Bars und Trattorien. In der Hochsaison ist es aber meist so überfüllt, dass das Baden am Felsstrand vor dem Kloster keine große Freude bereitet. Wer es beschaulicher liebt, sollte deshalb im Frühjahr oder im Herbst nach San Fruttuoso kommen.

Klosterpracht

Während die Klosterkirche frei zugänglich ist, sind die übrigen Klostergebäude nur gegen Eintritt zu besichtigen. Die dreischiffige Abteikirche stammt wie die ältesten noch erhaltenen Teile des Konvents aus dem 11. Jh. Die Kuppel ruht auf dreieckigen, von Fenstern unterbrochenen Stützen – ein Hinweis auf die byzantinischen Wurzeln dieser Architektur. Über einen Vorraum gelangen die Besucher in den kleinen, doppelgeschossigen Kreuzgang. Sehenswert sind die gotischen Doriagrabmäler – von 1275 bis 1305 diente San Fruttuoso den Doria als Grablege – in der Krypta. Der majestätische Abtspalast wurde umfangreich renoviert. Seit 1983 ist der Bau im Besitz des Fondo Per L'Ambiente Italiano und beherbergt eine Dauerausstellung zur Baugeschichte San Fruttuosos.

San Fruttuoso ▶ Portofino

Nach einer Rast kann man entweder auf dem gleichen Weg zurück nach Portofino wandern oder sich auf der Fähre (einfach 7,50 €) erholen. Achtung: Bei starkem Seegang wird der Schiffsverkehr eingestellt, sodass in diesem Fall auch der Rückweg zu Fuß gemeistert werden muss (Fahrplan beachten, letztes Boot um 17 Uhr).

LIGURIEN
ERFASSEN

Treppenaufgang im Palazzo Doria Tursi in
der Via Garibaldi in Genua (▶ S. 62).

AUF EINEN BLICK

*Hier erfahren Sie alles, was Sie über die Region wissen
müssen – kompakte Informationen über
Land und Leute, von Bevölkerung über Lage und Geografie
bis Politik und Wirtschaft.*

BEVÖLKERUNG

Mit einer Fläche von 5413 qkm ist Ligurien zwar die drittkleinste Region Italiens, doch besitzt Ligurien mit 293 Einwohnern/qkm nicht nur die höchste Bevölkerungsdichte des Landes, sondern auch den höchsten Altersdurchschnitt aller italienischen Regionen. Insgesamt leben auf dem Küstenstreifen rund 1,6 Mio. Menschen, davon etwa 40 % in Genua. Nur rund 5 % der Ligurer leben mehr als 5 km vom Meer entfernt, da im Hinterland kaum Platz für größere Ansiedlungen ist.

LAGE UND GEOGRAFIE

Ligurien liegt in Norditalien und erstreckt sich auf einem schmalen, rund 300 km langen Küstensaum, der von der französischen Grenze entlang des Meeres bis hinüber nach Sarzana verläuft. Obwohl Ligurien kaum mehr als 30 km ins Hinterland reicht, ist das Landschaftsbild vor allem durch bewaldete Hügel und Berge geprägt, die an der Grenze zu Frankreich als Teil der Seealpen über 2000 m emporragen und im Osten zum ligurischen Apennin gehören. Der im Hinterland von

◄ Die steilen Weinberge Liguriens erlauben nur eine eingeschränkte Produktion.

Savona gelegene Colle di Cadibona gilt gemeinhin als Grenze zwischen Alpen und Apennin. Beide Gebirgskämme werden durch abgeschiedene Täler strukturiert, die wie die Flüsse in Nord-Süd-Richtung verlaufen. Die Flüsse sind sehr kurz und fließen in den Sommermonaten nur spärlich, sodass die Region nicht ausreichend mit Trinkwasser versorgt ist. Es gibt nur kleine Ebenen, die sich an der Flussmündung der Magra und rund um Albenga finden. Charakteristisch sind die Terrassenfelder, die vor allem das Gebiet der Cinque Terre prägen.

POLITIK

Aus verwaltungstechnischen Gründen ist Ligurien in die Provinzen Genua, Imperia, Savona und La Spezia unterteilt. Seit den Regionalwahlen von 2010 wird Ligurien von einem Mitte-Links-Bündnis regiert.

RELIGION

Zwar sind weit über 90 % der Ligurer Mitglied der römisch-katholischen Kirche, doch spielt der Glaube im Alltagsleben der Bevölkerung eine weit geringere Rolle, als nördlich der Alpen vermutet wird.

WIRTSCHAFT

Trotz Wirtschaftskrise ist Genua noch immer das unumstrittene wirtschaftliche Zentrum Liguriens. In Genua sind auch die meisten industriellen Produktionsanlagen konzentriert. Zudem besitzt die Stadt nach wie vor einen der bedeutendsten Mittelmeerhäfen, was

Handelsbeziehungen und die Abwicklung von Transporten vereinfacht, während La Spezia zum größten italienischen Militärhafen avanciert ist. Die meisten Einheimischen sind aber gegenwärtig im Dienstleistungssektor beschäftigt, zu dem auch der Tourismus einen erheblichen Teil beiträgt. Der Fremdenverkehr spielte bereits Ende des 19. Jh. eine Vorreiterrolle für die wirtschaftliche Entwicklung der Region. Die Landwirtschaft ist hingegen wegen der kleinen landwirtschaftlichen Nutzfläche nur von geringer Bedeutung. Auf den Terrassenfeldern stehen vor allem Olivenbäume und Weinreben. Einzig die Blumenzucht an der Riviera dei Fiori ist stark exportorientiert; die qualitativ hochwertigen ligurischen Weine und Olivenöle werden größtenteils auf den heimischen Märkten verkauft. Der Fischfang spielt wirtschaftlich ebenfalls nur noch eine untergeordnete Rolle. Die Küstengewässer sind dermaßen überfischt, dass ein großer Teil der täglich auf den Märkten angepriesenen Fische aus fremden Gewässern stammt. Infolge der Weltwirtschaftskrise besitzt Ligurien mit über 11 % die höchste Arbeitslosenquote in Norditalien.

AMTSSPRACHE: Italienisch
EINWOHNER: 1,6 Mio.
FLÄCHE: 5413 qkm
GRÖSSTE STADT: Genua, 611 000 Einwohner
HÖCHSTER BERG: Monte Saccarello, 2201 m
INTERNET: www.regione.liguria.it
RELIGION: 94 % römisch-katholisch
WÄHRUNG: Euro

GESCHICHTE

Kelten und dann die Römer prägten die Frühgeschichte Liguriens. Unter den Seerepubliken im Mittelalter tat sich besonders Genua hervor. Zur Zeit Napoleons stand Ligurien unter französischem Einfluss. 1861 schließlich erfolgte die Eingliederung ins Königreich Italien.

Vor 20 000 Jahren Frühgeschichte

Der Küstenabschnitt zwischen Ventimiglia und La Spezia gehört zu den ältesten Siedlungsgebieten der Menschheitsgeschichte. In den westlich von Ventimiglia gelegenen **Balzi-Rossi-Höhlen** wurden nicht nur Werkzeuge aus der mittleren Steinzeit gefunden, sondern zudem zahlreiche Skelette des Crô-Magnon-Menschen, eines Jäger- und Früchtesammlers, der als direkter Vorfahre des Homo sapiens gilt. Weitere Funde früher menschlicher Spuren, die auf eine kontinuierliche Besiedlung der Küste schließen lassen, wurden bei **Finale Ligure** sowie in den Höhlen des **Pennavaira-Tals** gemacht.

1000 v. Chr. Kelten und Ligurier

Vor mehr als 3000 Jahren breiteten sich die ligurischen Völker in Norditalien wie auch in Südostfrankreich bis zum Rhônetal aus. Das heutige **Albenga** gilt als einer ihrer Hauptorte und wurde von einem Stamm namens Ingauni beherrscht. Seit dem 7. Jh. vor Chr. wurden die Ligurer von den von Norden einwandernden Kelten auf jenes Küstengebiet zurückgedrängt, das heute als Ligurien bezeichnet wird. Teilweise kam es zu einer Vermischung beider Volksgruppen.

Zu den wenigen Hinterlassenschaften der kelto-ligurischen Urbevölkerung gehören die Stelen von Lunigiana sowie die mehr als 30 000 Felsbilder, die

Bronzezeit

Im Vallée des Merveilles ritzt die kelto-ligurische Urbevölkerung geheimnisvolle Bilder in den Fels.

3./4. Jhd.

Beginn der Christianisierung, Bau des Baptisteriums in Albenga.

641–643

Der Langobardenkönig Rothari erobert Ligurien.

rund um den Mont Bégo in dem heute zu Frankreich gehörenden **Vallée des Merveilles** in den Fels geritzt wurden. Sie geben Aufschluss über die Religion der damals in den Tälern beheimateten ligurischen Volksstämme, in der der Mont Bégo vermutlich eine Funktion als Schutzgott hatte.

200 v. Chr. bis 300 n. Chr.
Römisches Reich

Die ligurischen Stämme kämpften im Zweiten Punischen Krieg mit Ausnahme von Genua auf der Seite Karthagos gegen Rom. Wenige Jahrzehnte später führten die Römer mehrere erfolgreiche Kriegszüge, unterwarfen Ligurien und gliederten es ihrem Herrschaftsbereich ein. Entlang der Küste wurde die **Via Aurelia** befestigt, die den Truppentransport in die Provence und nach Spanien sicherte.

In den nächsten beiden Jahrhunderten erhielten die ligurischen Städte eine neue Infrastruktur nach römischem Muster. **Kaiser Augustus** teilte das Römische Reich neu auf und ernannte Ligurien zur neunten Provinz, wobei sich das damalige Ligurien bis über die Seealpen und Teile der Poebene erstreckte. Das Amphitheater von **Ventimiglia** und die Ruinen von **Luni** zählen zu den eindrucksvollsten Hinterlassenschaften der Römer.

9. Jh. Sarazenen

Seit dem 9. Jh. wurden die europäischen Mittelmeerküsten immer wieder von den aus Nordafrika stammenden Sarazenen heimgesucht und verwüstet. Sogar Genua wurde 935 erobert und geplündert, Frauen und Kinder wurden als Gefangene verschleppt. Anders als beispielsweise in Sizilien konnten sich die Araber jedoch nur punktuell festsetzen und errichteten einen Stützpunkt namens Fraxinetum im Hinterland von Saint-Tropez. Der ligurische Küstenhandel kam zeitweise fast vollständig zum Erliegen, die Bevölkerung zog sich in das leichter zu verteidigende Hinterland zurück.

11. Jh. Seerepubliken

Der politische und wirtschaftliche Aufstieg Liguriens ist eng mit den kleinen

773–774
Karl der Große besiegt die Langobarden und wird damit auch zum nominellen Herrscher Liguriens.

1284
Genua besiegt seine Rivalin Pisa in der Schlacht von Meloria und steigt zur mächtigsten Stadt an der Riviera auf.

1276
Die Cinque-Terre-Dörfer Manarola, Riomaggiore, Vernazza und Corniglia müssen die Oberhoheit Genuas anerkennen.

1298
Die venezianische Flotte wird vor der dalmatinischen Insel Curzola von Genua vernichtend geschlagen.

Seerepubliken verbunden, die wie Savona oder Genua im Laufe des 11. Jh. ihre Unabhängigkeit von weltlichen oder geistlichen Fürsten erkämpfen konnten. An der Spitze der Seerepubliken standen einflussreiche Adelsfamilien, die sich wie in **Albenga** oder **Noli** als Zeichen ihrer Macht imposante Geschlechtertürme errichten ließen.

12. Jh. bis 16. Jh. Mittelalterliche Supermacht: Genua

Einen enormen Anteil an der dauerhaften Vertreibung der Sarazenen hatte vor allem **Genua**. Die aufstrebende Stadt besaß kein reiches Hinterland, sodass die Genueser ihre Macht nur durch die Beherrschung der ligurischen Küste und des Meeres ausbauen konnten. Die Patrizierfamilien – am bekanntesten die **Doria** und die **Spinola** – bauten eine große Flotte auf und schufen ein Handelsimperium, das mit den rivalisierenden Städten Pisa und Venedig konkurrieren konnte.

Durch den Import von Textilien und Luxusgütern wie Seide und Gewürze stieg Genua zu einer der reichsten Städte Europas auf. Zug um Zug wurde das Einflussgebiet erweitert, selbstständige Kommunen wie Savona, Albenga und Ventimiglia wurden unterworfen. Nicht nur die meisten Städte an der ligurischen Küste mussten Genuas Oberhoheit anerkennen, Pisas Flotte wurde 1284 vernichtend geschlagen, und selbst Sardinien geriet in Abhängigkeit. Sogar bis nach Lanzarote fuhren genuesische Schiffe. Kein Wunder, dass auch **Cristoforo Colombo** in Genua geboren wurde, wenngleich er später seine Entdeckungen in Diensten des spanischen Königs machte. Die Niederlage gegen Venedig in der Seeschlacht von **Chioggia** (1380) ging einher mit einer Phase der Stagnation, doch **Admiral Andrea Doria**, der sich mit **Kaiser Karl V.** gegen Frankreich verbündet hatte, verhalf Genua wieder zu seiner einstigen Macht. Bis kurz vor seinem Tod (1560) regierte Andrea Doria die Stadt als Principe.

1407 Finanzmetropole

Im Wettstreit mit Venedig um den imaginären Titel der europäischen Wirt-

1380

Genua muss in der Seeschlacht von Chioggia eine Niederlage gegen Venedig einstecken und seine Macht fortan auf das westliche Mittelmeer beschränken.

1451

Cristoforo Colombo wird in Genua geboren.

1552

Die unabhängige Republik Genua wird gegründet.

schaftsmetropole verlagerte Genua seine Bestrebungen auf die Bankgeschäfte. Der 1407 gegründete **Banco di San Giorgio** trug erheblich dazu bei, dass Italien zum führenden Land in Geldgeschäften wurde und noch heute viele Begriffe aus der Finanzsprache italienische Wurzeln haben. Selbst die spanischen Könige unterhielten hier ein Konto. Der Banco di San Giorgio betrieb nicht nur eine eigene Goldwährung, sondern war auch politisch aktiv und herrschte seit 1453 mehr als drei Jahrhunderte offiziell über die Insel Korsika. Genua galt als wohlhabendste Stadt Europas!

1815 Revolution und Neuordnung

Die Folgen der Französischen Revolution bekam auch Ligurien zu spüren, als Napoleon mit seiner Armee in Italien einrückte. Die neu gegründete ligurische Republik (Republica Ligure) wurde nach Napoleons Sturz aufgelöst. Vergeblich versuchte Genua seine politische Eigenständigkeit zu erhalten, aber im Zuge der auf dem Wiener Kongress (1815) beschlossenen Neuord-nung Europas wurde Ligurien dem Königreich Sardinien-Piemont zugeschlagen.

1860/1861 Einheit Italiens

Die Bestrebungen um die Einheit Italiens veränderten auch die politische Situation in Ligurien. Der Freiheitskämpfer **Giuseppe Garibaldi** segelte am 5. Mai zusammen mit seinen Rothemden von Genua aus nach Sizilien und eroberte die Insel. Am 17. März 1861 bestieg **Vittorio Emanuele II.** den italienischen Thron. Gewissermaßen als Preis für die neu gewonnene Einheit tritt Italien die Grafschaft Nizza mit Ausnahme des oberen Royatals – dieses Gebiet sollte noch bis 1947 zu Italien gehören – an Frankreich ab. Mit der Abtretung »bedankte« sich der 1861 neu geschaffene italienische Einheitsstaat für die französische Unterstützung im Kampf gegen Österreich, wodurch Italien um die Lombardei erweitert wurde. Genua prosperierte und entwickelte sich schnell zum wichtigsten Handelshafen des italienischen Königreichs.

Nach einem Volksaufstand verkauft Genua die Insel Korsika an Frankreich.

1768

Niccolò Paganini, der berühmteste Geiger der Welt, wird in Genua geboren. Als »Teufelsgeiger« feiert der Autodidakt mit seinem Violinspiel in ganz Europa überschwängliche Triumphe.

1782

1746

Österreichische Truppen besetzen Genua, müssen sich aber später zurückziehen.

1794

Ligurien wird von den Truppen der französischen Revolutionsarmee besetzt.

19. Jh. Industrialisierung und Auswanderung

Bis auf Genua war Ligurien bis weit ins 19. Jh. hinein eine rückständige Region. Fischfang und Landwirtschaft sicherten den Bewohnern ein mehr schlecht als rechtes Auskommen. Erst infolge der sich in ganz Norditalien ausbreitenden Industrialisierung erlebte auch Ligurien einen wirtschaftlichen Aufschwung. Die Industriemetropolen Mailand und Turin waren auf die ligurischen Häfen Savona, Genua und La Spezia angewiesen, zudem hatte der Schiffsbau Konjunktur. Nichtsdestotrotz wanderten damals zahlreiche Ligurier über den Fährhafen Genua nach Amerika, aber auch nach Argentinien und Chile aus, wo regelrechte ligurische Gemeinden entstanden.

19./20. Jh. Tourismus

Neben der Industrialisierung profitierte Ligurien vor allem vom Tourismus. Seit der Mitte des 19. Jh. besuchten immer mehr Nordeuropäer die vom Klima verwöhnte italienische Riviera. Prachtvolle Grandhotels entstanden für eine betuchte Klientel, die sich hauptsächlich aus Adeligen und Industriellen zusammensetzte. Bis in die erste Hälfte des 20. Jh. hinein beschränkte sich der Tourismus fast ausschließlich auf die Wintermonate, erst nach dem Zweiten Weltkrieg wurde der Sommer zur Hauptreisezeit der modernen Tourismusindustrie.

1935–1945 Zweiter Weltkrieg

Ligurien war zwar kein Hauptkriegsschauplatz, blieb aber nicht von Zerstörungen verschont. Nachdem Italien Frankreich im Jahr 1940 den Krieg erklärt hatte, waren die grenznahen ligurischen Städte und Industriestandorte wie **Savona** und **La Spezia** wiederholt das Ziel von Bombenangriffen. In **Genua** wurde beispielsweise das traditionsreiche Opernhaus vollkommen zerstört. Ligurien selbst blieb bis zur Schlussoffensive der Alliierten im April 1945 fest in der Hand der deutsch-italienischen Armee. Ein direkter Angriff auf die gut befestigte Küstenlinie erfolgte nicht, stattdessen eroberten die amerikanischen Truppen, von Bologna

1797

Unter dem Druck Napoleons wird die Adelsrepublik Genua aufgelöst. Der neue, auf demokratischen Grundlagen basierende Staat erhält den Namen Ligurische Republik.

1814/15

Auf dem Wiener Kongress wird Ligurien als »Herzogtum Genua« dem Königreich Sardinien-Piemont einverleibt.

1860/61

Vittorio Emanuele II. von Savoyen wird König von Italien.

1887

Der deutsche Kaiser Friedrich III. verbringt den Winter in Sanremo.

aus vordringend, innerhalb weniger Tage ganz Ligurien.

1947 Abspaltung des Royatals

Das Royatal mit den Orten Tenda und La Brigue gelangt per Volksabstimmung zu Frankreich. Ausschlaggebend für die Entscheidung waren die engen Handelsbeziehungen zur französischen Küste sowie der höhere Lebensstandard in Frankreich. In den Einfärbungen des örtlichen Dialekts leben die italienischen Wurzeln jedoch bis heute fort.

1992–2001 Große und kleine Katastrophen

In den letzten Jahrzehnten wurde Ligurien wiederholt von mehreren Unwettern und Schicksalsschlägen heimgesucht. Im Jahr 1992 explodierte der Öltanker »Haven« vor dem Hafenbecken von Genua. Ein Auseinanderbrechen des Schiffsrumpfs konnte gerade noch verhindert werden. Obwohl manche Strände mit auslaufendem Öl verschmutzt wurden, blieb die ligurische Tourismusindustrie in letzter Sekunde

von einer Katastrophe verschont. Beim Weltwirtschaftsgipfel in **Genua** (2001) kam es zu heftigen Protesten, die in der jüngeren italienischen Geschichte ohne Beispiel sind. Rund 300 000 Demonstranten strömten nach Genua, bei den Auseinandersetzungen mit der Polizei wurden mehrere Hundert Menschen verletzt, ein Demonstrant erschossen, eine Demonstrantin von einem Panzerwagen überrollt.

1990 bis heute Klimawandel

Der Klimawandel macht sich zu Beginn der 1990er-Jahre wiederholt bemerkbar: In drei aufeinanderfolgenden Jahren kam es im Herbst nach starken Regenfällen zu verheerenden Überschwemmungen und Verwüstungen. Im November 2011 wurde die ligurische Küste sintflutartig überschwemmt, halb Genua stand unter Wasser. Zudem kamen bei einem extrem schweren Unwetter mehrere Menschen ums Leben. Die Cinque-Terre-Dörfer wurden verwüstet, die berühmte **Via dell'Amore** zwischen Riomaggiore und Manarola musste dauerhaft gesperrt werden.

1920

Vom 19. bis 26. April bekräftigen die Ententemächte auf der Konferenz von Sanremo die Unverletzlichkeit des Versailler Vertrages.

1975

Der ligurische Dichter Eugenio Montale erhält den Nobelpreis für Literatur.

1922

Deutschland und die Sowjetunion unterzeichnen den Vertrag von Rapallo, der die zukünftigen Beziehungen der beiden Staaten regelt.

2006

Genua wird von der UNESCO zum Weltkulturerbe erklärt.

KULINARISCHES LEXIKON

A

acciughe – Sardellen
agnello – Lamm
anguria – Wassermelone
aragosta – Languste
aringa – Hering
arrosto – Braten

B

baccalà – Stockfisch
barbio (oder barbo) – Barbe
bistecca – Steak, Schnitzel
bottarga di tonno – Thunfischrogen
branzino – Seebarsch
brodo – Fleischbrühe
bruschetta – geröstetes Brot mit
    Tomaten, Öl und Knoblauch
burro – Butter

C

capperi – Kapern
capreto – Zicklein
carciofo – Artischocke
castagnaccio – Kastanienmehlkuchen
cavolfiore – Blumenkohl
ceci – Kichererbsen
cefalo – Meeräsche
cervo – Hirsch
cetriolo – Gurke
ciliegia – Kirsche
cinghiale – Wildschwein
cipolla – Zwiebel
cocomero – Wassermelone
coniglio – Kaninchen
cornetto – Hörnchen
costoletta – Kotelett
– alla milanese – Wiener Schnitzel
cozze – Miesmuscheln
crostacei – Krebstiere

D

dentice – Zahnbrasse
dolcetta – Feldsalat

E

erbe – Kräuter

F

fagioli – weiße Bohnen
fagiolini – grüne Bohnen
faraona – Perlhuhn
fegato – Leber
fico – Feige
finocchio – Fenchel
focaccia – salziges Hefefladenbrot
formaggio – Käse
fragola – Erdbeere
funghi – Pilze

G

galletto – junges Hähnchen
gambero – Krebs
gattafin – in Olivenöl ausgebackene
    Gemüseravioli
gnocchetti – Kartoffelklößchen
granoturco – Mais

I

insalata – Salat
– mista – gemischter Salat
– verde – grüner Salat
involtini – Röllchen aus Fleisch, Fisch
    oder Gemüse

L

lamponi – Himbeeren
lattuga – Kopfsalat
legumi – Hülsenfrüchte
lenticchie – Linsen

lepre – Hase
limone – Zitrone
lobata – Lendenbraten
lumache – Schnecken

M

maiale – Schwein
manzo – Rind
mela – Apfel
melanzane – Auberginen
merluzzo – Kabeljau
minestra – Suppe
mirtilli – Heidelbeeren
montone – Hammel
muggine – Meeräsche

N

nasello – Schellfisch
nodino di vitello – Kalbskotelett

O

oca – Gans
orata – Goldbrasse
ossobuco – Stück Kalbshaxe
ostriche – Austern

P

panada – Brotsuppe
pancetta – Schweinebauch
pasta al brodo – Nudelsuppe
pecorino – Schafskäse
peperonata – Paprika-Tomaten-
    Gemüse
peperone – Paprika
pera – Birne
pesca – Pfirsich
pesce – Fisch
petto di pollo – Hühnerbrust
piccione – Taube
piselli – Erbsen
pollo – Huhn
polpetta – Frikadelle
polipo – Tintenfisch

pomodoro – Tomate
pompelmo – Grapefruit
porcini – Steinpilze
prugna – Pflaume

Q

quaglia – Wachtel

R

riccio – Seeigel
rognoni – Nieren
rombo – Steinbutt

S

salmone – Lachs
salsiccia – Würstchen
sarago – Brasse
sarde – Sardinen
scampi – Krabben
seppia – Tintenfisch
sgombro – Makrele
sogliola – Seezunge
spigola – Seebarsch
spinaci – Spinat

T

tacchino – Truthahn
tartufo – Trüffel
timo – Thymian
trota – Forelle

U

uovo – Ei
uva – Trauben

V

verdura – Gemüse
vitello – Kalb
vongole – Venusmuscheln

Z

zampone – Schweinshaxe
zucca – Kürbis

SERVICE

Anreise

MIT DEM AUTO

Die meisten deutschsprachigen Reisenden erreichen Ligurien mit dem Auto innerhalb von einem Tag. Je nach Wohnort und Ferienziel bieten sich verschiedene Anreisemöglichkeiten. Für Österreicher, Bayern und Ostdeutsche empfiehlt sich die Anfahrt über den Brenner, wer hingegen aus West- und Südwestdeutschland kommt, gelangt via Sankt-Gotthard- oder San-Bernardino-Tunnel (beide Tunnel sind mautpflichtig!) erheblich schneller und meist staufreier ans Ziel.

Die Autobahn ist in Italien mautpflichtig, hinzu kommen die Gebühren für die Autobahnvignetten in der Schweiz (40 sFr) bzw. in Österreich (gestaffelt nach Gültigkeitsdauer). Die **Mautkosten**, die vom Brenner bis Genua anfallen, belaufen sich insgesamt auf rund 35 € (einfach).

In Italien beträgt die Höchstgeschwindigkeit auf Landstraßen 90 km/h, auf Autobahnen je nach Hubraum zwischen 110 und 130 km/h (über 1100 ccm). In Italien besteht auch tagsüber Lichtpflicht auf allen Straßen. Eine Warnweste ist mitzuführen. Noch zwei Hinweise: In Italien besteht ebenfalls Gurtpflicht, die Promillegrenze liegt bei 0,5 Promille.

MIT DEM FLUGZEUG

Das Flugzeug stellt nach wie vor die schnellste Möglichkeit dar, um nach Ligurien zu kommen. Dank eines ausgezeichneten Schienennetzes ist außerdem die Mobilität vor Ort gewährleistet. Da keine Charterflugverbindungen zwischen den deutschsprachigen Ländern und Ligurien bestehen, ist man auf teure Linienflüge angewiesen. Zielflughafen ist Genua, der Aeroporto Cristoforo Colombo liegt nur wenige Kilometer westlich des Zentrums. Die Billigfluglinie **Vueling Airlines** fliegt von München über Barcelona nach Genua, während die ligurische Hauptstadt mit der **Alitalia** von Deutschland, Österreich und der Schweiz mit einem Zwischenstopp in Rom oder Neapel zu erreichen ist (www.vueling.com/de, www.alitalia.com).

Auf www.atmosfair.de und www.myclimate.org kann jeder Reisende durch eine Spende für Klimaschutzprojekte für die CO_2-Emission seines Fluges aufkommen.

MIT DEM ZUG

Von Deutschland, der Schweiz und Österreich gibt es regelmäßige Zugverbindungen nach Ligurien, wobei man meist in Mailand oder Verona umsteigen muss. Wer befürchtet, sich tagsüber bei der Anfahrt zu langweilen, und deshalb lieber die Nacht nutzen möchte, dem empfiehlt sich die Buchung eines Liege- oder Schlafwagens. Die normale Hin- und Rückfahrt mit der Bahn kostet von Süddeutschland aus nach Genua rund 250 €, wer von Berlin aus anreist, zahlt rund 400 €. Von der ligurischen Hauptstadt aus verkehren stündlich Züge in Richtung La Spezia und Ventimiglia.

Auskunft

IN DEUTSCHLAND, ÖSTERREICH UND
DER SCHWEIZ

Italienische Zentrale für Tourismus (ENIT)

– Barckhausstr. 10, 60325 Frankfurt/
Main | Tel. 0 69/23 74 34 | www.enit.de
– Mariahilfer Str. 1b, 1060 Wien | Tel. 01/
5 05 16 39 | www.enit.at
– Uraniastr. 32, 8001 Zürich | Tel. 0 43/
4 66 40 40 | www.enit.ch

IN LIGURIEN

Informazioni turistiche

▶ Klappe hinten, d 4

Piazza De Ferrari 1, 16121 Genua | Tel.
00 39/10/5 48 51 | www.regione.liguria.it

Easy Italia

Servicenummer (tgl. 9–22 Uhr) in sieben Sprachen für Urlauber in Italien
Tel. 00 39/03 90 39

Buchtipps

Francesco Biamonti: Die Reinheit der Oliven (Klett-Cotta, 2000) In die Welt eines ligurischen Bergdorfes dringen die aktuellen Probleme Europas ein.
Italo Calvino: Wo Spinnen ihre Nester bauen (Fischer, 2012). Ein junger Mann schlägt sich in den letzten Kriegstagen durch Ligurien und sucht seinen Weg zwischen Partisanenkämpfern und der deutschen Besatzungsmacht.
Dorette Deutsch: Madonnen blicken über das Meer (Picus, 2001) Ligurische Reisereportagen.
Anne Goebel: An südlichen Gestaden (edition ebersbach, 2013). Eine literarische Bildreise auf den Spuren der Künstler und Literaten.
Erika und Klaus Mann: Das Buch von der Riviera (Rowohlt, 2004) Historischer Reiseführer entlang der Riviera der 1930er-Jahre.
Cesare Pavese: Am Strand (List, 2001) Dieser Roman spielt an der ligurischen Küste. Eine hintergründige Urlaubslektüre.
Antonio Tabucchi: Der Rand des Horizonts (dtv, 1997). Auf der Suche nach der Identität eines Toten irrt ein gescheiterter Medizinstudent durch die Altstadt von Genua.
Gaby Wurster: Genua und Ligurien (Wagenbach 2014) Eine Erkundung der Italienischen Riviera auf den Spuren der Literaten.

Diplomatische Vertretungen

Deutsches Honorarkonsulat

▶ Klappe hinten, f 6

Via Malta 2/1, 16121 Genua | Tel. 0 10/
5 76 53 42 | www.mailand.diplo.de

Österreichisches Honorarkonsulat

▶ Klappe hinten, e 3

Via Assarotti 5/6, 16129 Genua |
Tel. 0 10/8 39 39 83 | www.bmeia.gv.at

Schweizer Honorarkonsulat

▶ Klappe hinten, f 4

Lungobisagno Istria 29 L-R, 16141 Genua | Tel. 0 10/8 38 05 11 | www.eda.admin.ch

Feiertage

1. Januar Capodanno (Neujahr)
6. Januar Epifania (Dreikönigsfest)
Ostermontag Lunedì dell'Angelo

25. April La Liberazione (Tag der Befreiung vom Faschismus)
1. Mai Festa del lavoro (Tag der Arbeit)
15. August Ferragosto (Mariä Himmelfahrt)
1. November Ognissanti (Allerheiligen)
8. Dezember L'Immacolata (Mariä Empfängnis)
25./26. Dezember Weihnachten/ Santo Stefano

FKK

Das Nacktbaden ist in Italien offiziell verboten, doch wird es an einigen abgelegenen Stränden praktiziert. Wer die Hüllen fallen lässt, sollte sich darüber im Klaren sein, dass eine nahtlose Urlaubsbräune nicht mit den Moralvorstellungen eines Großteils der Bevölkerung übereinstimmt.

Geld

Die Banken sind in der Regel werktags von 8.20–13.20 Uhr geöffnet; manche Filialen öffnen zusätzlich am Nachmittag von 14.30–16.30 Uhr.
Kreditkarten werden von den meisten, aber bei Weitem nicht allen Hotels und Restaurants akzeptiert, wobei man in der Regel im Landesinneren mit einer Kreditkarte auf größere Schwierigkeiten trifft. Als am einfachsten erweist sich eine EC-Karte mit Geheimzahl.

Gesundheit

Wie bei jeder Reise sollte man den Standardschutz gegen Tetanus, Polio und Diphterie überprüfen und gegebenenfalls auffrischen. Auf einen ausreichenden Sonnenschutz mit hohem Lichtschutzfaktor ist Wert zu legen.

Beim Baden droht Gefahr vor allem durch Quallen, die immer wieder an den ligurischen Stränden anzutreffen sind. Ein Kontakt mit einer Feuerqualle (»medusa«) kann sehr schmerzhaft sein. Erste-Hilfe-Tipps: Fäden unbedingt mit Meerwasser abwaschen und feinen Sand auf die betroffenen Hautpartien streuen und diesen anschließend mit einem stumpfen Gegenstand abschaben. Essig kühlt zwar, kann aber die Nesselzellen zum Platzen bringen. Bei großen Quallenverbrennungen sollte man den Rettungsdienst informieren oder einen Arzt aufsuchen.

Kriminalität/Sicherheit

Autodiebstähle kommen in Ligurien kaum häufiger vor als in anderen südlichen Regionen, weitaus größer ist das Risiko eines Autoaufbruchs. Vor allem an Strandparkplätzen und in größeren Städten, wie beispielsweise in Genua, empfiehlt es sich daher, ein paar Verhaltensregeln zu beachten: Im geparkten Auto sollten niemals Wertsachen zurückgelassen werden; sinnvoll ist es zudem, das Handschuhfach offen zu lassen, um das Risiko eines Autoaufbruchs zu vermeiden.

Links und Apps

LINKS

www.regione.liguria.it
Allgemeine Informationen zu Ligurien sowie die Adressen sämtlicher Hotels sind auf dieser Seite aufgeführt.
www.cinqueterre.it
Das Portal der fünf Cinque-Terre-Gemeinden.
www.insidertipps-italien.com
Deutsches Internetportal mit Schwerpunkt auf der Region Genua.

www.ligurien.net
Informationen für Kenner und Genießer der Region.
www.ligurien-netz.de
Tipps für die Urlaubsplanung, Infos zu Sehenswürdigkeiten. Auf Deutsch.
www.turismoinliguria.it
Tourismusportal für alle, die Ligurien kennenlernen möchten.
www.urlaub-ligurien.de
Die Website hält zahlreiche Informationen zum Urlaub in Ligurien bereit.

APPS
Liguria Travel Guide
Reiseinfos zu Ligurien.
Für iPhone | 0,79 €
You Liguria
Reiserouten für Ligurien-Besucher.
Für iPhone | kostenlos

Medizinische Versorgung
KRANKENVERSICHERUNG

Die Vorlage einer Europäischen Krankenversicherungskarte (EHIC) ist ausreichend. Als zusätzlicher Versicherungsschutz empfiehlt sich der Abschluss einer Auslandskrankenversicherung, da diese Krankenrücktransporte mitversichert. Selbstverständlich kann man den Arztbesuch bar bezahlen und die Rechnung bei der heimischen Kasse einreichen (Der Betrag wird aber nicht unbedingt in voller Höhe erstattet!).

KRANKENHAUS

Krankenhäuser gibt es in den größeren Tourismuszentren. Im ligurischen Hinterland können allerdings Sprachprobleme auftreten. Fast alle Gemeinden verfügen bei dringenden Fällen über eine Guardia Medica Turistica.

APOTHEKEN

Apotheken (»farmacie«) gibt es in jedem größeren Ort. Sie sind werktags von 8–13 und 16–20 Uhr geöffnet. Außerhalb dieser Öffnungszeiten informiert ein Aushang, welche Apotheke gerade Nacht- oder Sonntagsdienst hat.

Nebenkosten
1 Tasse Kaffee	1,00–1,50 €
1 Bier	2,00–3,00 €
1 Cola/Limo	1,50–2,50 €
1 Brot (ca. 500g)	ca. 1,50 €
1 Schachtel Zigaretten	ca. 5,00 €
1 Liter Super-Benzin	ca. 1,70 €
Fahrt mit öffentl. Verkehrsmitteln (Einzelfahrt)	1,00 €
Mietwagen/Tag	ab ca. 50,00 €

Notruf
Euronotruf Tel. 112
(Polizei, Feuerwehr, Rettungsdienst)

Post
Die italienischen Postämter sind in der Regel werktags von 8.10–13.20 Uhr geöffnet, in den größeren Städten häufig Mo–Fr auch bis 18 Uhr. Briefmarken (»francobolli«) werden zudem auch in den Tabakläden verkauft. Eine Postkarte nach Deutschland, Österreich und in die Schweiz kostet 0,75 €. Die Briefkästen in Italien sind rot.

Reisedokumente
Deutsche, Österreicher und Schweizer können mit einem gültigen Reisepass oder Personalausweis (Identitätskarte) einreisen. Kinder benötigen ein eigenes Reisedokument. Bei der Reise mit dem Auto oder Motorrad ist das Mitführen der Grünen Versicherungskarte empfehlenswert.

Reisezeit

Den Seealpen und dem Apennin verdankt die ligurische Küste ihr mildes Klima; die beiden lang gestreckten Gebirgszüge schirmen den Landstrich von den von Norden heranströmenden Luftmassen ab, sodass Palmen, Magnolien und Zitrusfrüchte gut gedeihen können.

Die günstigste Reisezeit variiert je nach Interessenlage. Die Monate April, Mai und Juni, in denen die gesamte Region in Blüte steht, eignen sich vorzüglich für einen Wanderurlaub, aber auch für Besichtigungen der bekannten Sehenswürdigkeiten. Die Wassertemperaturen erreichen allerdings erst im Juni die magische 20-Grad-Grenze. Im Juli und August, wenn die Italiener Ferien machen, platzt die Riviera aus allen Nähten. Der Drang zu Aktivitäten wird durch die hohen Temperaturen allerdings regelrecht gelähmt. Im September und Oktober kehrt dann allmählich wieder Ruhe ein, die Abende werden kühler, tagsüber heizt die Sonne jedoch noch kräftig ein. Wasserratten kommen bei Temperaturen um die 20 Grad noch immer auf ihre Kosten. Das Wetter ist im Herbst allerdings nicht mehr ganz so beständig, mit Regenschauern muss gerechnet werden.

Strom

Normalerweise 220 Volt (Flachstecker). In älteren Privatpensionen ist es jedoch nicht ausgeschlossen, dass man noch auf Steckdosen trifft, die dem genormten Sicherheitsstandard nicht entsprechen; hierfür werden Eurostecker oder Adapter benötigt.

Telefon

VORWAHLEN

D, A, CH ▶ Italien 00 39
Italien ▶ D 00 49
Italien ▶ A 00 43
Italien ▶ CH 00 41

Die Ortsvorwahl muss immer, ob im eigenen Fernsprechbereich oder aus dem Ausland, mit einer »0« gewählt werden.

Tiere

Hunde und Katzen benötigen zur Einreise einen EU-Heimtierausweis (stellt

Klima (Mittelwerte)

	Januar	Februar	März	April	Mai	Juni	Juli	August	September	Oktober	November	Dezember
Tages-temperatur	14	15	17	19	22	26	29	29	27	23	18	15
Nacht-temperatur	6	6	8	10	13	17	20	20	18	14	10	8
Sonnen-stunden	5	7	7	8	10	11	11	11	9	7	6	5
Regentage pro Monat	8	6	8	6	5	3	1	3	5	9	8	9
Wasser-temperatur	14	13	14	15	17	21	24	25	24	21	18	15

der Tierarzt aus) mit Nachweis einer Tollwutimpfung. Das Tier muss durch einen Mikrochip identifizierbar sein.

Trinkgeld

Trinkgeld (mancia) gehört einfach dazu. Wer sich im Restaurant oder an der Bar Münzen zurückzahlen lässt, gilt als kleinlich. Im Restaurant gelten fünf Prozent als angemessen. Auch Hotelangestellte und Taxifahrer wissen es zu schätzen, wenn ihre Dienste honoriert werden.

Verkehr

AUTO

Ligurien verfügt über ein passables Straßennetz; im bergigen Hinterland stößt man allerdings auch auf schmale, teilweise holprige Straßen, zudem verlaufen die Landstraßen größtenteils entlang der Flusstäler in nordsüdlicher Richtung.

Wer entlang der Küste auf der berühmten Via Aurelia (S 1) unterwegs ist, braucht aufgrund der zahllosen Ortsdurchfahrten nicht nur einen ganzen Tag Zeit für die rund 300 km, sondern auch ein gut ausgestattetes Nervenkostüm. In der Hochsaison ist die Küstenstraße, abgesehen von der Mittagszeit, fast immer verstopft. Schneller und stressfreier kommt man auf der parallel verlaufenden Autobahn voran. Die kurvige Streckenführung ist mit ihren zahllosen Tunneldurchfahrten allerdings gewöhnungsbedürftig. Das Fahrverhalten der Italiener entspricht der mediterranen Mentalität: größtenteils wird sehr forsch, unter häufiger Benutzung der Hupe gefahren, allerdings wenige rechthaberisch als in Deutschland. Glücklicherweise leiden die Italiener in der Regel nicht an den cholerischen Anfällen mancher mitteleuropäischer Autofahrer.

In größeren Städten wie Savona, La Spezia und vor allem in Genua empfiehlt es sich, das Auto auf einem bewachten Parkplatz oder in einem Parkhaus abzustellen.

FAHRRAD

Italien ist das klassische Land des Radsports. Wer die sportliche Betätigung liebt, findet im bergigen Hinterland Liguriens zahlreiche Herausforderungen. Geruhsamer radelt es sich in Meeresnähe; einzig die viel befahrene Küstenstraße S 1 erweist sich für Fahrradtouren als absolut ungeeignet. In den meisten Ferienorten können Fahrräder gemietet werden.

MIETWAGEN

Am Flughafen von Genua sowie in den größeren Städten bieten die internationalen Mietwagenfirmen ihre Dienste an. Grundvoraussetzung für das Mieten eines Leihwagens sind ein Mindestalter von 21 Jahren und der einjährige Besitz des Führerscheins. Zudem muss man für die Kaution eine gültige Kreditkarte besitzen. Am günstigsten ist es fast immer, bereits zu Hause einen Wagen zu buchen.

ÖFFENTLICHE VERKEHRSMITTEL

Wie kaum eine andere europäische Ferienregion eignet sich Ligurien für Erkundungen mit der Eisenbahn. Da die Züge entlang der Küste im Sommer im Stundenrhythmus verkehren, lassen sich Ausflüge gut organisieren. Bequem ist es auch, bei einem Genua-Ausflug auf die Bahn zurückzugreifen,

da man so den Stau und die Parkplatz-
suche umgehen kann. In der Cinque-
Terre-Region ist die Bahn dem Auto
aufgrund der schlechten Verbindungen
sogar deutlich überlegen. **Achtung:**
Zugtickets müssen vor dem Antritt der
Fahrt entwertet werden! Wer ins Hinterland will, ist auf den Bus angewiesen. Alle größeren Städte besitzen einen Busbahnhof (»autostazione«) und
ein regionales Busnetz. Tickets bekommt man beim Fahrer oder in den
Bars, Tabacchi-Läden und an den Zei-
tungskiosken. Die ligurischen Bergdörfer werden jedoch selten häufiger
als zweimal täglich vom Linienverkehr
bedient, an Sonntagen oft gar nicht.

Zeitungen

Die überregionalen deutschsprachigen
Tages- und Wochenzeitungen (SZ,
FAZ, Welt) sind in der Regel in den
meisten Provinzstädten und Touristen-
zentren am gleichen, selten einen Tag
nach Erscheinen erhältlich. An den
Kiosken wird die deutschsprachige
Zeitung »Riviera – Côte d'Azur« verkauft, die monatlich viele nützliche
Hinweise und aktuelle Reportagen bietet. www.rczeitung.com

Zoll

Reisende aus Deutschland und Österreich dürfen Waren abgabenfrei mit
nach Hause nehmen, wenn diese für
den privaten Gebrauch bestimmt sind.
Bestimmte Richtmengen sollten jedoch nicht überschritten werden (z. B.
800 Zigaretten, 90 l Wein, 10 kg Kaffee). Weitere Auskünfte unter www.
zoll.de und www.bmf.gv.at/zoll.
Reisende aus der Schweiz dürfen Waren im Wert von 300 SFr abgabenfrei
mit nach Hause nehmen, wenn diese
für den privaten Gebrauch bestimmt
sind. Tabakwaren und Alkohol fallen
nicht unter diese Wertgrenze und bleiben in bestimmten Mengen abgabenfrei (z. B. 200 Zigaretten, 2 l Wein).
Weitere Auskünfte unter www.zoll.ch.

Entfernungen (in km) zwischen wichtigen Orten

	Alassio	Genua	Imperia	La Spezia	Levanto	Portovenere	Rapallo	Sanremo	Savona	Ventimiglia
Alassio	–	95	22	205	185	220	127	48	50	65
Genua	95	–	120	110	90	124	32	120	46	120
Imperia	22	120	–	230	210	244	152	26	73	43
La Spezia	205	110	230	–	35	14	82	230	157	230
Levanto	185	90	210	35	–	50	55	210	135	210
Portovenere	220	124	244	14	50	–	96	245	170	245
Rapallo	127	32	152	82	55	96	–	152	78	152
Sanremo	48	120	26	230	210	245	152	–	100	17
Savona	50	46	73	157	135	170	78	100	–	72
Ventimiglia	65	120	43	230	210	245	152	17	72	–

Erlesene
Ziele

Auf den Spuren berühmter
Persönlichkeiten

ERHÄLTLICH
ALS E-BOOK
ODER ALS BUCH
MIT LEINEN-
EINBAND

MERIAN
Die Lust am Reisen

ORTS- UND SACHREGISTER

Wird ein Begriff mehrfach aufgeführt,
verweist die **fett** gedruckte Zahl auf die Hauptnennung.
Abkürzungen: Hotel [H] · Restaurant [R]

Liebe Leserinnen und Leser,

vielen Dank, dass Sie sich für einen Titel aus unserer Reihe MERIAN *momente* entschieden haben. Wir wünschen Ihnen eine gute Reise. Wenn Sie uns nun von Ihren Lieblingstipps, besonderen Momenten und Entdeckungen berichten möchten, freuen wir uns. Oder haben Sie Wünsche, Anregungen und Korrekturen? Zögern Sie nicht, uns zu schreiben!

Alle Angaben in diesem Reiseführer sind gewissenhaft geprüft. Preise, Öffnungszeiten usw. können sich aber schnell ändern. Für eventuelle Fehler übernimmt der Verlag keine Haftung.

© 2014 TRAVEL HOUSE MEDIA GmbH, München
MERIAN ist eine eingetragene Marke der GANSKE VERLAGSGRUPPE.

TRAVEL HOUSE MEDIA
Postfach 86 03 66
81630 München
merian-momente@travel-house-media.de
www.merian.de

Alle Rechte vorbehalten. Nachdruck, auch auszugsweise, sowie die Verbreitung durch Film, Funk, Fernsehen und Internet, durch fotomechanische Wiedergabe, Tonträger und Datenverarbeitungssysteme jeglicher Art nur mit schriftlicher Genehmigung des Verlages.

BEI INTERESSE AN MASSGESCHNEIDERTEN MERIAN-PRODUKTEN:
Tel. 0 89/4 50 00 99 12
veronica.reisenegger@travel-house-media.de

BEI INTERESSE AN ANZEIGEN:
KV Kommunalverlag GmbH & Co KG
Tel. 0 89/9 28 09 60
info@kommunal-verlag.de

1. Auflage

VERLAGSLEITUNG
Dr. Malva Kemnitz
REDAKTION
Beate Martin
LEKTORAT
Kerstin Seydel-Franz
BILDREDAKTION
Susann Jerofsky
SCHLUSSREDAKTION
Gisela Wunderskirchner
HERSTELLUNG
Bettina Häfele, Katrin Uplegger
SATZ/TECHNISCHE PRODUKTION
h3a GmbH, München
REIHENGESTALTUNG
Independent Medien Design, Horst Moser, München (Innenteil), La Voilà, Marion Blomeyer & Alexandra Rusitschka, München und Leipzig (Coverkonzept)
KARTEN
Gecko-Publishing GmbH für MERIAN-Kartographie
DRUCK UND BINDUNG
Firmengruppe APPL, aprinta Druck, Wemding

Ein Unternehmen der
GANSKE VERLAGSGRUPPE

PEFC
PEFC/04-32-0928

BILDNACHWEIS
Titelbild (Blick auf Vernazza), Getty Images: T. Cartwright
Anzenberger: Toni Anzenberger 6 | Bildagentur Huber 58, M. Bortoli 160 u., Gräfenhain 98 | Bildagentur Waldhaeusl/vario images 113 | CAMeC: E. Amici 19 | Cantina Bio Vio: P. Minelli e M. M. Pasqualini 37 | Caro: Eckelt 52 | Colletta: M. Sarotto 25 | ddp images 26 | dpa picture alliance 61, TipsImage 108 | foto76/shutterstock.com 34 | Fotolia: S. Duda 141, Massimhokuto 143 | R. Freyer 53 | gemeinfrei 138 l., 138 r., 139, 140 l., 140 r. | Getty Images: F. Banfi 47, 160 o. | GlowImages 15, 123 | Grand Hotel Miramare 94 | Imago 56/57, chromorange 134/135, J. Kruse 110 | Interfoto: R. Duval 78, W. Wirth 103 | Jahreszeiten Verlag 30 | laif: S. Bungert 77, R. Celentano 50, 137, Contrasto: R. Caccuri 96, Loop Images: S. Wasek 126/127, H. Madej 2, 4/5, 70,131, B. Steinhilber 20/21, hemis.fr: P. Frilet 82 | look-foto: D. Schönen 12, 44, 91, 115 | mauritius images 41, Alamy 38, 63, CuboImages 66, United Archives 118, Westend61 86 | MUNTAeCARA – Albergo Diffuso 16 | Museo dell' Olivo 117 | R. Nestmeyer 13 l. | Palazzo Cicala: A. Zveiger 22 | Park Hotel Argento 18 | Prisma: A. Bacchella 33, C. Goupi 129 | Schapowalow 55 | Shutterstock: P. Bona 13 r., Davide69 93, ducu59us 42, Martin M303 85, maudanros 54, Neftali 142, unverdorben jr 14

LIGURIEN GESTERN & HEUTE

Der 1860 errichtete und im Jahr 1900 erstmals erweiterte **Bahnhof Piazza Principe** ist einer der zentralen Verkehrsknotenpunkte **Genuas** (▶ S. 58). Ursprünglich befand er sich am Rande des Zentrums, sodass in seiner unmittelbaren Nähe noch Handelsschiffe entladen wurden. Inzwischen ist die Stadt weit über ihre einstigen Grenzen hinausgewachsen. Große Teile des Bahnhofs sind aus Platzgründen in den Untergrund beziehungsweise tiefergelegene Zwischengeschosse ausgelagert worden.